夫婦で歩き描いた
ヨーロッパ縦断4000km

山浦正昭
yamaura masaaki
絵=山浦敬子
yamaura keiko

新評論

プロローグ

人はなぜ歩くのだろう？　長い時間を歩けば、それだけ遠くへ行くことができる。自動車や電車などの乗り物がなかった時代には、歩くことが唯一の移動手段であった。では、漂白の旅をした先人や行者たちは、交通機関があったならばそれらを使ったのだろうか？

昨今では、健康や美容のためにウォーキングが注目されている。私は、旅人としては四五年、そして歩く旅を専門にしはじめて三〇年になるが、私にとっての「歩く旅」は移動手段でも、健康のためでもなく、人生そのものなのである。

歩いて、風景を見つめて旅をしているとき、見えないものが見えてくる。近年、テクノロジーがものすごい速さで発達し、デジタル化は私たちの意志とはお構いなしにどんどん進んでいる。しかし、テクノロジーが発達し、電子機器がどんなに時間を細かく刻もうとも、人は決して時間を超えることはできない。もちろん、時間の流れを止めることだって私たちにはできない。できるのは、そこへただ身を置くことのみだ。

「現代の社会は時間を刻みすぎてはいないだろうか？　時間というものに人間が支配されてはいないだろうか？」と、日々の生活のなかで立ち止まり、私はふと考えてしまう。

その一方で、デジタル化に逆らうかのごとくアナログ的ともいえるウォーキングを楽しむ人が確実に増えている。私の目には、昨今のウォーキング人気はそんなところから脱出するかのごとく、時間からの解放を求めて日本の原風景ともいえる里山を歩いているかのようにも見える。自分の身体を使って、自分のペースで好きなところを楽しみながら歩く――時間をたっぷりとかけるがお金はあまりかからない。実に簡単で、シンプルなことだ。

私たち夫婦がヨーロッパ縦断歩行をはじめたのは一九九三年のことである。私は四九歳、パートナーの敬子さんは四二歳のときで、まだまだ「ウォーキング」という言葉が今ほど市民権を得ていないころで、海外旅行といえば非日常的な日々を送ることであった（つまり、リッチに）。そんな当時、大きなリュックを背負い、キャンプやユースホステルを利用してヨーロッパ歩きの旅をする私たちは、きっと「変わり者」という単語でくくられていたのだろう。しかし、ひとたびヨーロッパへ出向いて歩きだせば、私たちはごく普通のカップルだった。

一〇年かけてデンマーク～フランスのヨーロッパ徒歩縦断を敢行したわけだが、最初は一七歳の息子と一六歳の娘を日本へ置いて、夫婦で一ヵ月近くも家を空けることに敬子さんはとても神経質になっていた。しかし、子どもとはたくましいもので、毎年恒例となると慣れたもので「いってらっしゃい」と送り出してくれる存在に成長していった。親子が海を隔てて過ごす一ヵ月の夏は、お互いが成長するよい機会でもあった。帰国して家へ戻って子どもたちの顔を見ると、毎回、留守の間に少し大人びたような印象を受けた。

ひょっとしたら、私たちは二人で歩きながら移りゆく「時間」を見ていたのかもしれない。留まっていていても歩いていても時は過ぎゆく。時の移ろいを眺めてみるのも悪くない。自分の時間を自由に過ごす。すれ違った人と話をするのもよし、道の傍らに腰を下ろして心ゆくまで素描するもよし、雄大な自然を目の前にして感じたままにスケッチをしていくのは最上の楽しみとなる。

手作業が少なくなった今日では、手が何かをしたがっているのがわかる。そう、手が何か作業をしたいのだ。三種の神器（白黒テレビ、洗濯機、冷蔵庫）ともいわれて、国民のほとんどがそれらの購入に走ったのが一九五〇年代後半だ。それから五〇余年、二〇〇三年ころからは急速にデジタル家電が普及しはじめ、食洗機やデジタルカメラ、ＤＶＤなどが次から次へと販売され、生活は便利さを求めてまたもや変化を遂げようとしている。それにともない、手作業は圧倒的に減ってしまったようだ。

徒歩旅行をしていて、目の前に広大な風景が現れたなら、さてどうするか？　風景のなかに身を置き、まず見入るだろう。昨今は、デジタルカメラでその風景をその場で切り取る人が多いのだろう。しかし、私たちはスケッチにこだわる。手が描き出した、温もりの感じられるスケッチが好きだ。上手いとか下手とかは関係ない。自然な心で描けばよいのだ。

作業をしたいのは手ばかりではないことを忘れてはならない。移動手段も発展し、長時間、自分で歩を進めることも少なくなった。さぞかし、足も活動したがっていることだろう。

歩くこと、描くことはとりもなおさず手や足を使わなければできない作業だ。もしかしたら、手足が作業をすることで初めてアタマが呼応するのかもしれない——そんなことが山ほどあるにもかかわらず、私たちが気づかないだけなのかもしれない。歩くことや描くことに没頭して、雑念などが削ぎ落とされて澄んだアタマになったとき、そのアタマは今まで見えなかったものを見せてくれるのかもしれない。

＊＊＊

夫婦でともに歩みを進めていく。大仰なことをする必要はない。最初は、近所の散歩からのんびりとテクテクと歩きはじめればよい。きっと、そのうちにあちらこちらへと行きたくなる。そのとき、連れ合いがいたほうが楽しいではないか。

「歩いていると、見えないものが見えてくるんだ」と、「歩く」経験をした者たちはみな同じ言葉を口にする。体験した者だけが感得できるこの感覚を知りたいのなら、まず家のドアを開けてみることだ。

もくじ

夫婦で歩き描いたヨーロッパ縦断4000km

デンマーク編

どこまでも広がる牧草地、
その土地の自然や暮らしを
見ながらのんびりと歩く

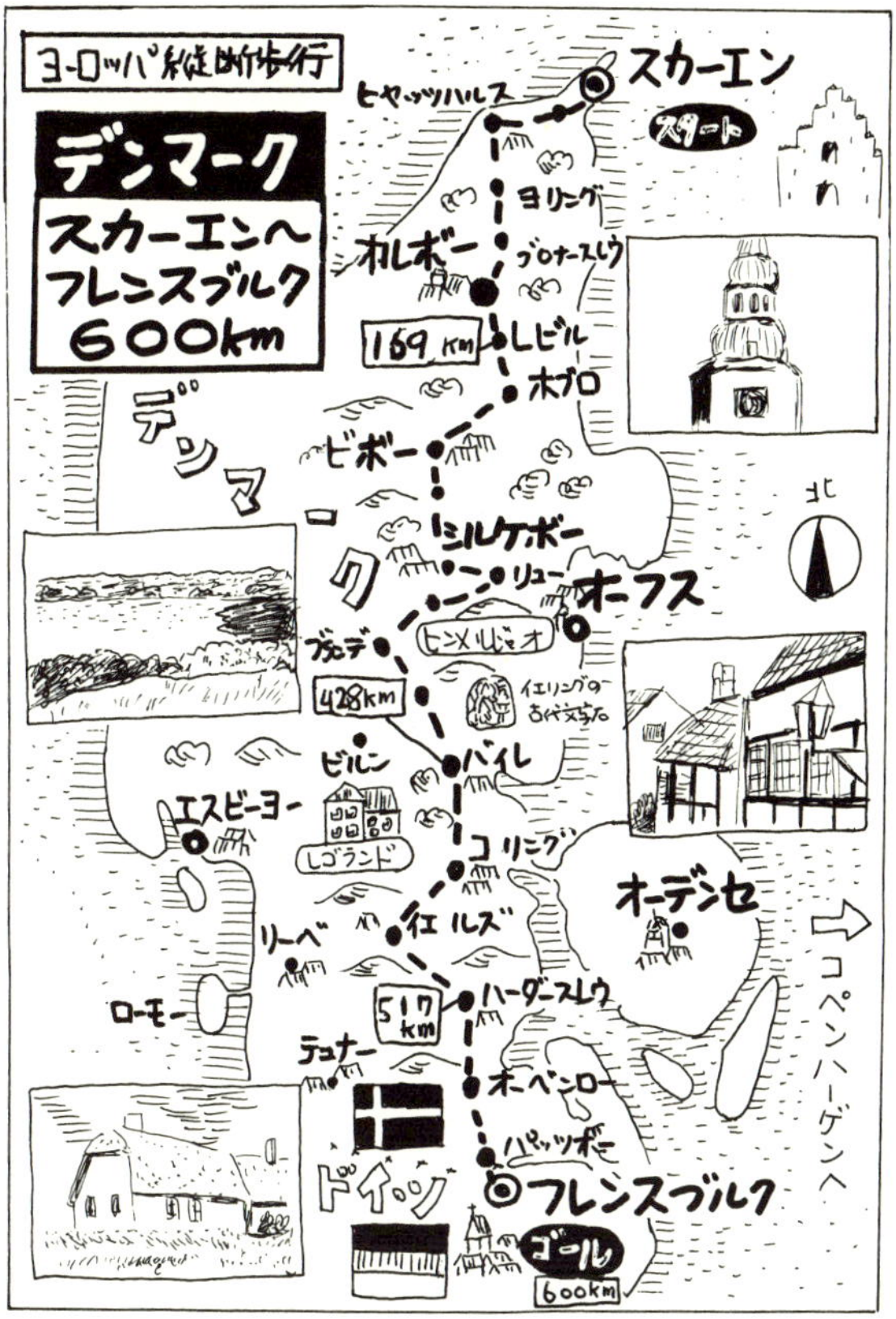

旅行期間 ：1993年 7 月26日～ 8 月17日

歩行距離 ：スカーエン（Skagen）～
フレンスブルク（Flensburg）
600キロメートル

私たちのヨーロッパ縦断歩行の旅、そのスタートの国は、ヨーロッパ大陸で北海に突き出たユトランド半島と五〇〇近くの島からなるスカンジナビアの小国デンマークだ。デンマーク王国――そのイメージは童話作家アンデルセンを生んだ国、のどかな酪農の国、そして福祉や環境先進国といったものだろうか。そして、ゴールとなる所は地中海を望むフランス屈指のリゾート地ニースである。しかし、この地中海を見るのはまだまだ一〇年先の話となる。この記念すべき第一歩をしるしたスタート地点は、ユトランド半島の先端にあるスカーエンのグルネン岬とした。

第一回目の今年は、ドイツとの国境近くまでの約六〇〇キロメートルを歩く。以前、北海道の宗谷岬から襟裳岬まで歩いたことがあるが、そのときの歩行距離が七〇〇キロメートルだから、それに比べれば一〇〇キロメートルほど短い。そう思えば気分も楽だ。しかし、アップダウンの少ない平坦な道の多いデンマークの大地を延々と歩きつづけることは、一見すると楽そうに思えるが、逆に変化に乏しくて単調で気合が入らないかもしれない。といって、不安材料などを一つ一つ確認していたら切りがないし、何もはじまらない。とにかく、今は最初の一歩を踏みだすだけだ。それで、私たちの旅がはじまる。

列車や車ではなく、二本の足を使ってゆっくりとその国の自然や暮らしを眺めながら行く、私たち夫婦によるスケッチをしながらの歩く旅。デンマークは、一体どんな素顔を見せてくれるのだろうか。

1 スカーエン(Skagen)〜レビル(Rebild)(七月二六日〜三一日)

自転車旅行に最適な国デンマーク

ユトランド半島の最北端、スカーエンは小さい町でありながら活気があり、観光客や地元の人でにぎわっている。よく見かけるのは自転車に乗ったツーリストの姿で、車体にいっぱいの荷物をくくりつけ、軽やかに走るカップルやグループの人々をそこかしこに見かける。サイクリストたちは、かなり年配の人でも赤や黄といった原色を多用した派手な服装をしている。「老人は、交通事故に遭わないように目立つ服装をしましょう!」というのとは一線を画しているように思える。その意味以上に、自分の好きなファッションを楽しんでいる様子がうかがえる。

まずは、スカーエンの観光案内所で「デンマークキャンプ協会[1](DCU)」の会員証をつくる。今回の旅ではキャンプを二回する予定で、この国のキャンプ場を使用するには会員証が必要なのだ。簡単な手続きを済ませて会員証を手にすると、駅前からグルネン岬行きのバスに乗った。乗客は、

(1) **Dansk Camping Union**。八〇年近い歴史をもつキャンプ場利用に関する規定を定めた民間組織。前身はデンマーク・キャンプ・クラブ。一九六三年よりキャンピングカーでのキャンパーも対象としている。新しく建造する建物はソーラー・システムにする、犬はリードにつなぐなど、キャンプ場を提供する側と利用する側に関して社会的責任や環境保護に視点を置いた規定を定めている。

私たち二人のほかに女性が二人だけ。運転手の若い女性はひたすらしゃべりつづけているが、当然デンマーク語のようで内容はさっぱりわからない。きっと、観光案内のようなことを説明しているのだろう。一〇分ほどバスに揺られて、さらに岬の突端へ行くために砂地を豪快に走る頑丈なトレーラーバスに乗り換えた。

　いよいよグルネン岬に立つ。房総半島の富津岬のような砂州になっていて、西に北海のスカーゲラック海峡、東にバルト海のカッテガット海峡、この地点で二つの東西の波がぶつかりあう様子が遠くに見える。さて、記念すべきスタートである。これまでに歩いてきた旅のことやこの旅のために行ってきた準備、二人の子どもを日本に残してきた不安などが心のなかを渦巻く。そんな私たちの背中を、海風がふっと押してくれた。最初の一歩、あとは簡単なこと、目の前につづく道を進むだけだ。

岬の先まで運んでくれるトレーラーバス

　スカーエンから歩くこと一八キロメートル、フルスイック（Hulsig）駅近くのキャンプ場が今夜の宿泊地である。シャワールームや炊事用キッチン、売店などが設備された大きなキャンプ場で、ほとんどの利用者はオートキャンプスタイルで、しかも長期滞在者が多いらしく、トレーラー式のキャンピングカーがところ狭しと並んでいる。その一角に、私たちは持参したツェルトを張った。「なんだか、私たちのテントがかわいく見えるわね」という敬子さん（私はパートナーのことをこう呼んでいる）の言葉に、「こんなツェルトでも私たちのような歩く旅の者には、安全のためにも必要なものなのさ」と答えた。そして、初日の夜は気持ちの高ぶりからも解き放たれ、ぐっすりと眠った。

翌日は午前四時起床。この日は四〇キロメートル近くも歩かなければならない長丁場のため、早起きを余儀なくされた。一日の歩行距離はどれぐらいが適当かというと、二〇キロメートルくらいがちょうどよい。しかし、宿泊所の場所によってはそう思い通りにはいかない。

午前四時でも外は明るい。ツェルトを撤収して五時に出発し、デンマーク国内を東西南北にネットワークしている一〇本の国定自転車旅行コースの「ルート1」を歩き出す。このコースは海岸線に近い林や畑を縫って延びていて、フラットな大地には小麦とジャガイモ畑が一面に拡がっている。

自転車コースといってもアスファルト舗装ではなく土の道なので、足にやさしく歩くのも楽だ。それに、雨の日でも泥道にならないという不思議な道だ。

いかにものどかな田園風景が現れたので、道端にザックを下ろして景色を眺めながら休憩をとっていると自転車旅行中の学生に出会った。荷物に目をやると、キャンプ用具が積んである。若いうちから気軽に自転車旅行が体験できるとは、なんともうらやましいかぎりだ。条件も整備され、治安もよいからだろう。この次にデンマークを旅するときは自転車で旅行してみよう、とつい思って

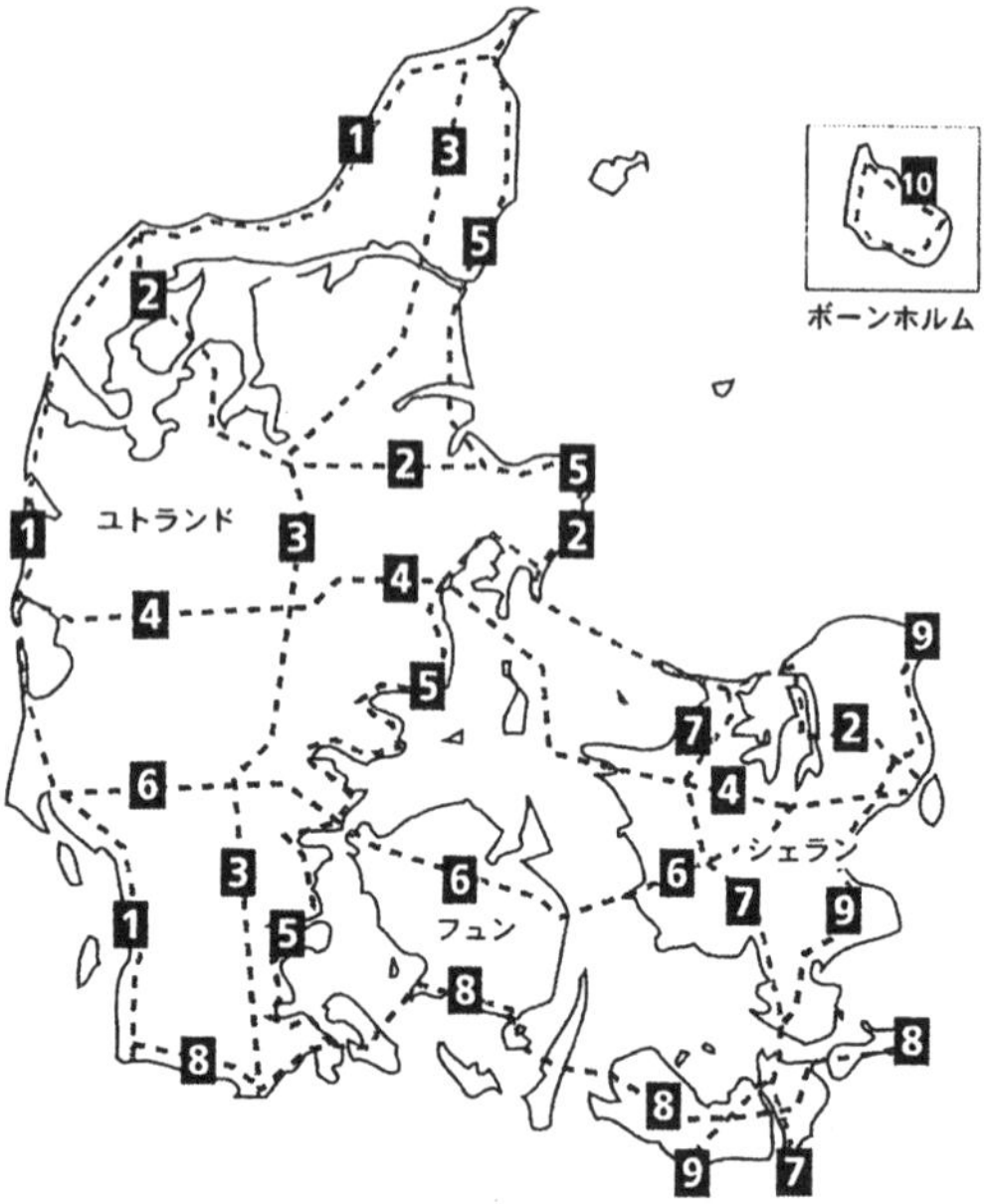

国定自転車旅行ルート
出典：福田成美『デンマークの緑と文化と人々を訪ねて』新評論、2000年。

しまう。アップダウンの少ないデンマークは、自転車旅行には最適の国だ。

「ルート１」に別れを告げ、二泊目のヨリング（Hjørring）へ着いたのは午後五時を過ぎていた。ヨリングの町は何やらにぎわいを見せていた。ちょうどユースサッカーの国際大会が開催中で、四七ヵ国から約二万人の若者が集まっているということで町が活気にあふれていた。もちろん、日本代表も参加している。その日は、夜遅くまでユースホステルのそばにある競技場から、大人だけでなく子どもの歓声も入り混じって聞こえてきた。


七月二九日、広い広い麦畑のなかを歩く。昨日までは放牧されているのが牛や馬だったが、今日は羊、アヒル、ニワトリ、豚……と種類が増えている。ブロナースレウ（Brønderslev）に到着。まずは、何事もなく快調な出だし。オールボー（Aalborg）を目指してひたすら歩く。地図で見ると、オールボーは川のような細長い入江が入り込んでいる。ドイツからつづく大陸がここで切れている感じだ。

オールボーまであと二〇キロメートル。適当な休憩所がないかと地図を見ると、「skole」と書かれた建物がこの近くにある。Skole……おそらく学校だろう。校舎らしき建物が見えてきたので、いつもの調子で勝手に敷地内に入り込んでベンチで休むことにした。ザックを地面に下ろして一息をつく。洗濯物がユラユラと揺れるのんびりとした光景が目に入ってくる。〝なに？　学校に洗濯物？〟おかしな雰囲気ではないかと思っていると、なかから男性が出てきて笑顔で何か言っている。

相手の気やすい態度に気もゆるんで、「ここは学校ですか?」と敬子さんが英語でたずねた。

「いいえ。私の家です」

私と敬子さんは驚いて顔を見合わせた。

「よかったら、なかへ入ってお茶でもどうですか?」

彼の親切な申し出に従って、私たちは部屋へと案内された。通されたのは応接室なのだろうか、ゆったりした部屋でコーヒーをご馳走になる。彼の名前はペーター。数年前に廃校となった学校を買い上げて、家族できれいに改修して住んでいるという。確かに、廃校になったからといって、放置したり壊すというのはもったいない話である。しかも、ここの校舎自体が「学校」という威厳を醸しだすような雰囲気がなく、「ちょっと面白いことでも学ぶ?」というような、どこかアットホームな感じがするところだ。もっとも、それだからこそ買い上げて住もうという気持ちになったのだろう。

学校だった建物に住んでいる人が中を見せてくれてお茶をごちそうしてくれた。

日本でもここ数年、廃校をそのままペンションとして再利用したり、廃校になった学校の設備を整えてSOHO[2]や格安のオフィスとして提供して起業家を応援したり、あるいは住まいとして借り上げる人も出てきている。最近になって政府も、地域再生策の一つとして廃校などの公共施設の転用に対して規制緩和をすすめようと、やっと重い腰を上げたようだ。既成概念を取り壊すことが新しいことへの第一歩なのだろう。

とはいえ、ここに住んでいるデンマークの若夫婦は、何か特別なことをしようとして住んでいるのではなく、ごく自然な感じでそれをやり遂げているようだ。つたない私たちの英語で歩く旅の話などを一時間ほどして、お暇《いとま》する。

オールボーでは二冊のガイドブックを手に入れた。一冊は、デンマーク全土を網羅する自転車旅行のルートマップ。地図を広げ、デンマーク国内を網の目のように伸びるルートを見ると、改めてこの国は自転車で旅行する国だと実感する。自転車を分解することなくそのまま乗せられる専用車両が連結されている列車があるし、長期間にわたって借りられるレンタル自転車もある。自転車旅行のお膳立てがバッチリと整っているのだ。

もう一冊は、主に自転車旅行者のための簡単なキャンプが可能な国内ガイドブックで、リストに載っている数だけでも六〇〇ヵ所を超えている。利用できるのは、徒歩か自転車による旅行者のみ

（2） Small Office Home Office。小さなオフィスで自宅兼用という意味。情報通信ネットワークの整備に伴い広まった就労形態で、自宅で在宅勤務をしたり、サテライトオフィスで働くケースを指す。設計、システム開発、ウェブ制作などのＩＴ関連の分野を中心に発展しており、ＳＯＨＯ対応のＩＴ化した賃貸公団住宅やマンションなどの建設もはじまっている。

で、車やバイクで旅行している人は利用することができない。うらやましい旅環境だ。日本にも、ステキな歩くルートをいくつもつくりたい……と、カントリーウォーカーである私の気持ちはますます強くなる。

オールボーから三一キロメートル、一日歩き通してレビル（Rebild）の町へ到着。自然公園の一角にあるこの町のユースホステルは、「どうしても泊まりたい！」とこだわったところである。建物は一五世紀の建造で、かやぶき屋根、小じんまりとしていて家庭的な雰囲気――私たち夫婦にとっては理想の宿だ。

敬子さんは、待ちに待った歩きの休みの日なのですこぶる機嫌がよい。バスでスコーピング（Skørping）へ向かい、そこから列車に乗り換えて、二人でオーフス（Århus）へと繰り出す。古い町並みを保存する野外博物館である「デン・ガムレ・ビュー（Den Gamle By）」を訪ねた。敷地内には、二〇〇年〜四〇〇年ほ

レビルのユースホステルは古いやかぶき屋根

ど前の民家や店がそのまま移築されていて、そこでは実際に昔の生活を実演している姿も見られ、ふらりと散歩しているだけでも十分に楽しめる。店にかかっている古い看板は、職人のつくり出す製品をそのままオブジェとしている。だから、私たちのようにデンマーク語がわからなくても、これなら何の店か一目瞭然である。

夕食は、オーフス駅構内でデンマークで初のレストランを体験。ホリデーメニューのコースから、写真を頼りに選択する。

(こたえ)
①トイレ　②台所　③教会　④男女兼用トイレ
⑤車椅子用トイレ⑥ツーリスト案内所　⑦出札所
⑧でんわ　⑨待合所　⑩鉄道荷物　⑪コインロッカー
⑫タクシーのりば

2 レビル(Rebild)~バイレ(Vejle)　(八月二日~一〇日)

旅は道連れ、二人は歩き疲れ

デンマーク縦断は中盤に入る。バイレまでの二五九キロメートルを九日間で歩く予定のため、一日の歩く距離の平均は三〇キロメートル弱となる。私たちの進む距離は一時間に約三キロメートルで、五〇分歩いては一〇分間の休憩というペースなので時速四キロメートルくらいで歩いていることになる。そして、私たち夫婦の旅のスタイルは、一日一枚はスケッチをし、一日一回は喫茶店でコーヒーかビールを飲んでゆっくりし、昼食後にも少し長い休憩をとることにしている。しかし、三〇キロメートルとなると歩くだけで精いっぱいの行程だし、一枚のスケッチにかけられる時間はおよそ三〇~四〇分でしかない。これはしんどいぞ……。

まずは、レビルを出発してホブロ（Hobro）へ向かって歩く。歩く、歩く、歩くこと三〇キロメートル。翌日も歩く、歩く。左のくるぶしに痛みが走る。エアーサロンパスをかけると、少し痛みが和らいだ。歩きつづけて四〇キロメートル弱。ただの移動手段として歩くだけという日があってもよいだろう、と思いきかせる。

途中のヴィボー（Viborg）からは、いよいよデンマーク唯一の長距離自然歩道のコースに入る。

「ヘアヴァイエン（Haervejen）」といって、ヴィボーからドイツ国境まで一〇〇キロメートルつづくこの道は一〇〇〇年前には軍用道路として使われていた道で、現在は徒歩と自転車旅行のためのコースとして利用されている。徒歩用と自転車用とが区別されているので、安心して歩くことができる。

町はずれに徒歩用の入り口がある。青に白抜きで歩く人型がデザインされた道標が目印で、この標識をたどっていけばまず迷うことはない。

森のなかをしばらく行くと水辺のあるところへ出た。レストランが目に入ったので、早速、コーヒータイムとする。

「やっぱり自然歩道はいいね」

「そうね。こうやってゆっくりコーヒーを飲むことができるしね」

おだやかな自然に囲まれ、豊かな気持ちになれるひとときだ。コースの大部分は森のなかや畑のなかなので空気はきれいだし、土の道なので足にもやさしく、歩きやすい。徒歩用と自転車用の道を組み合わせながら、少しずつ南下していった。

1000年前のミニタリーロードには道標が付けられている

トーニン（Torning）に到着。町にはユースホステルがなかったのでミニキャンプ場でテントを張ることにする。そこは農家の敷地内の一角で、芝生が気持ちよい小ぎれいな場所だ。持ち主の建物とキャンプ場の間には垣根があり、互いのことは見えないようになっているためプライバシーは守られている。少し離れたところにトイレと水場があり、料金はそこに設置された缶に入れることになっている。一人一泊一〇クローネ（約二〇〇円）。

トーニンから三〇キロメートルほど歩いて、デンマークの「湖水地帯」と呼ばれるシルケボー（Silkeborg）に着く。ここには数多くの湖水が点在していて、周辺には広大な森が拡がっているせいか、保養地として人気の高いところだ。夜になると、橋や家がライトアップされて町並みをよりいっそう美しく浮かび上がらせていた。

翌日、シルケボーから川沿いの遊歩道を進むと、今度は湖畔の道となる。森のなかのなかなかかいい道で、保育園児の遠足らしいグループに出会った。どこの国でも小さな子どもはかわいらしいが、デンマークの子どもはとくにかわいいように思える。

シルケボーからバスで約二〇分のところに、標高一四七メートルしかないのに「ヒンメル・ビャオ（天の山）」と名付けられた、デンマーク国内では二番目に高い山がある。一四七メートルだから「山」というよりも「丘」という言葉のほうが私たち日本人にはぴったりくるが、平らな土地に暮らすデンマークの人にとっては山と感じるのだろうか……それとも彼ら一流のユーモアなのだろうか。登ってみたが、山頂に立つレンガ造りの塔からの眺めはすばらしく、眼下には湖、周辺には大きな森が拡がり、胸がすくような三六〇度のパノラマであった。

目的地のカトリーネダル（Katrinedal）まであと七キロメートル余りというところで、なんとなくルートを変えてみたくなった。シルケボーの本屋で買った二万分の一の地図のせいだ。一〇万分の一の縮尺には記されていないような小道、それは近道かもしれないし、広い車道を通らなくてもいいし、と考えていたらいてもたってもいられなくなった。地図のみを頼りに見知らぬ地を行く。どうなることか……。

最初は農道らしい道があったがほどなく行き止まり。仕方がないので、目の前に横たわるフェンスを乗り越えて牧草地のなかへ進入してみた。広い牧草地のなか、前方遠くに家が見えたのでとりあえずそこを目指し、ヒースやシダの生い茂る崖を下りる。敬子さんの表情はちょっとゆがんでいる。羊の放牧を横目にしながら低い電線の下を恐々とくぐり、牧草地の丘の斜面を上っていく……。目的の家が近づくと、何匹もの犬が警戒して吠え出した。それを聞きつけて家人が庭に出てきた。

「すみません、道に迷ってしまって」

農場の奥さんは、私たち闖入者の様子を見て笑っていた。道を教えてもらい、やっと迷い道から脱出する。近道するつもりがとんだ遠回りとなってしまった……反省。

カトリーネダルのユースホステルは森の一角にある木造の建物で、バンガローの長屋風の部屋に私たちは大満足した。

翌朝、霧雨が降っていたが歩き出すころには止んだ。デンマークの天気は本当に変わりやすい。途中の町で休憩をとる。今日は日曜日なので店は閉まっているが、ガソリンスタンドは営業していた。ガソリンスタンド……自家用車をもったことのない私たちには、まったくといっていいほど縁のない場所である。併設するミニスーパーに立ち寄り、デンマークの代表的なビール『TUB-ORG』を買う。

「これは歩くためのガソリンね」と敬子さんがいって、二人でベンチに腰掛けてフーッと喉を潤すと、場所を確認するために地図を広げた。どうやら、この町にも鉄道が来ていたようだが現在は廃線になっていた。デンマークでも車社会が進行し、ローカル線は経営困難で廃線に追いこまれているようだ。

歩きだしてしばらくすると、道端に車を停めてハマナスの実を摘んでいる夫婦の姿が目に入った。驚いたことに、この夫婦は仕事で名古屋へ行ったことがあるというではないか。思わず話がはずむ。もちろん、流暢ではない英語で。

「私たちはデンマークを歩いて旅しています。今日はブランデ（Brande）に泊まります」

「まぁ！　私たちはブランデに住んでいるんですよ！　よろしければ、今晩お茶を飲みに我が家へいらっしゃいませんか？」

オールボーへ向かう途中に出会った廃校の住居人につづき、二度目のお宅訪問となった。彼の名前はハンス・ユルゲンさん。家までの略図と住所、電話番号を書いていただき、午後七時に伺う約束をした。

　ユースホステルで夕食をすまして、さっそくハンスさん宅を訪ねる。感じのよい、よく手入れされた庭のあるハンスさんの家。なかへ入ると広い居間に通されたが、照明のやわらかさにちょっと驚いた。蛍光灯は一つもなく、壁や床にはシンプルな照明器具が取りつけられていて微妙な光の演出がされている。日本では「暗い」といわれかねないが、やわらかい光の雰囲気に私たち二人はリラックスして、ソファに深々と腰を下ろした。照明は明るければよいというものではなさそうだ。それに、作業空間と住居空間では求められる照明の役割も異なるようだ。

　奥さんの手づくりケーキとコーヒーを味わいながらテーブルを囲んで四人で談笑していたが、しばらくすると、ハンスさんが何やら嬉しそうに棚から一つの瓶を持ってきた。それを私の目の前へ差し出しながら、「デンマークでは有名なジャガイモの焼酎、アクヴァビットはいかがですか?」とすすめてくれた。

　アルコール度数四五パーセント、すすめられる

ハマナスの実を摘んでいたハンスさん

ままに飲んだ無色無臭のアクヴァビットが引き金となって、ハンスさんと私は多いに盛り上がった。聞けば、彼はドイツのフレンスブルク（Flensburg）で店を経営しているという。フレンスブルクといえば今回の旅のゴール地点である。なんだか親近感を覚えてしまった。ハンス夫人の友人はブランデの観光案内所で働いているというので、早速、明日訪ねてみることにする。

今日も歩く。もちろん、二日酔いはない。朝一番で観光案内所へ向かうと、なるほどハンスさんの友人という女性が確かに働いていた。私たちが行っている歩きの旅は彼女の気を引いたらしく、すぐに地元の新聞社へ電話をかけるという。何やら受話器ごしにやり取りがあったあとに、「私たち二人を車で追いかけるので取材をさせてほしい」と彼女は伝えてきた。

敬子さんにそのことを話すと、彼女は別段変わる様子もなく、いつものようにザックを背負ってブランデを出発し、次の目的地であるギュースクース（Giuskud）へと歩きはじめた。少し行くと、反対側から一台の自動車がやって来た。〈ブランデ新聞（BRANDE BLADET）〉の取材が本当にやって来たのである。どうやら、わざわざ日本から徒歩でデンマークを縦断しにやって来たことが珍しいらしい。写真撮影と簡単な取材を受けたが、果たして本当に記事として載ったのだろうか。

次の日は雨だった。しばらく離れていたへアヴァイエンのコースに合流してイェリング（Jelling）まで歩く。雨のためにぬかるみも多く、足首まで泥にはまりながら進む。イェリングは古代遺跡の町として知られ、観光客の姿がちらほらと見られた。

ルーン文字の刻まれた石碑は、バイキング時代の九三五年ごろにデンマークを統治していた初代王ゴルム（Gorm den gamle、?～九五〇年頃）とその息子によって王の業績を称えて建てられたものだという。イェリングにあるゴルム王と妻のチュラの墳墓、ルーン文字の古代石碑並びに聖堂はユネスコの世界遺産にも登録されている。石碑の一基には息子のハラル王（Harald Blå Tand、九八五年頃没）によるノルウェー征服とキリスト教国への移行が記されており、デンマークの転機を記す貴重な考古学資料となっている。

途中から太陽が顔を現した。やっと、バイレの町へ入る。ここで、デンマークの旅も約三分の二の行程が終了。毎日毎日歩きつづけていけば、やがては目的地へたどり着くものだ。明日は休養日、二人でレゴランドに行くことにする。

Japansk par vandrer gennem Danmark

-som pionerer for det japanske vandreforbund

I denne weekend har va
hjemmet i Brande haft b
af et japansk par, Masa
Keiko Yamaura fra T
der som udsendt af d
panske vandreforbund
de en del af Danmark til
Målet med turen var bl
vandre ad Hærvejen til
borg og undervejs at b
ve og tegne seværdig
og afprøve vandrehje
turen. Med disse notat
tegninger som grundlag
le han så udarbejde e
om turen til brug for ja
re, der måtte have lyst
vandre i Danmark.
Parret var meget bege
for Danmark og de god
ligheder for vandretu
havde fundet her.
I Japan er muligheder
vandreture ikke ret
hvorfor han mente, at
mark var er godt rejse
japanske vandre-turiste
Sidste år havde parret
på en lignende tur i Fr
og næste år var målet a
dre i Tyskland.

Det japanske ægtepar saaki og Keiko Yamau Tokyo i Japan har bru sidste tre uger på at ger trave dele af Danmark. med turen er at skrive e for det japanske vand bund om muligheder vandreture i Danmark ses parret på vej ud af B mandag morgen.

Brande Bladet side 34

Husstande, kontorer og butikker

BRANDE BLADET

TIRSDAG DEN 10. AUGUST 1993 — NR. 32 - 13. ÅRGANG

Skolestart med nyt ur.... flik-flak fra kr. 198.- swatch fra kr. 300.- Stensgaard

BDO SCANREVISION Statsautoriserede revisorer Brande 97 18 33 88 Ejstrupholm 75 77 24 55

Brande Bladet: Tlf.: 97 18 28 38 - 97 18 27 33 Fax. 97 18 00 93

後日手に入れた、私たちの旅を伝えるデンマークの地元の新聞（1993年８月）

ルーン文字

ルーン文字が刻まれた石碑

紀元1000年、キリスト教の宣教師がスカンジナビア諸国を訪れ、ラテン語のアルファベットであるローマ字を到来させる以前に、ゲルマン民族共有のアルファベットとして使われていた文字。大半のルーン文字は16文字から構成されるが、時代や地域により変化を見せる。スカンジナビア諸国において、碑文がもっとも数多く残っているのはスウェーデン。石碑は、バイキング時代の史実を知る手がかりとなっている。また、人々は畏怖の念をもって文字を眺め、呪力を与えることで呪術的な事柄にも用いたという。

レゴランド

レゴランド

1968年開園。敷地３万坪の園内には、子どもの知育玩具としてデンマークで生まれたレゴブロックを使ったミニチュアの建物や乗り物のほか、町並みなどが野外展示されている。レゴを使った船や列車などは実際に稼動していて、遊園地や屋外ステージ、レゴの博物館、レゴショップ、レストランも併設している。ディズニーランドと比較すればスケールは小さいが、年齢に関係なく、訪れた人が遊び心を自由に楽しめるテーマパーク。所在地はバイレからバスで50分、レゴ本社のあるビルン（Billund）郊外。そのほか、アメリカ、イギリス、ドイツにも同様のレゴランドがある。http://www.lego.com

ちなみに、レゴの日本上陸は1962年。以来、自分の頭で創造したものを形にしていく楽しさは年齢に関係なく、人気のある定番の玩具である。

3 バイレ(Vejle)~フレンスブルク(Flensburg)　(八月一二日~一七日)

デンマークの人たちの心意気

これから歩くデンマーク南部のシュレスヴィヒ地方は、隣国ドイツとの二度にわたる戦い（一八四八~五〇年、一八六四年）を経てドイツに属していた地域である。これらの戦いを通してデンマークは、シュレスヴィヒ、ホルシュタイン、ラウエンブルグの三つの公国を割譲され、国土の四〇パーセントを失った。すっかり意気消沈した国にあって、祖国復興のために立ち上がったエンリコ＝ダルガス（一八二八~一八九四）という名の軍人がいる。深い愛国心をもつダルガスは「外で失ったところを内で取り戻そう」と提唱し、国内の未開拓である荒地に目を向けて土地開発に尽力した。比較的に土壌が豊かな南部に比べ、北部はヒースの台地が広がる不毛の地であった。ダルガスが懸命に植林を行った結果、北部の土地は見る見るうちに改良され、デンマークの農業はこれを機にして発展していった。

その活動を促進するのに大きな役割を果たしたのが、N・F・S・グルントヴィの起こしたフォルケホイスコーレ（国民高等学校[3]）である。農村の青年男女のために、農閑期を利用して開かれた寄宿生の学校である。今日では豊かな国であるデンマークが見せる、歴史の一コマだ。

その後、第一次世界大戦後の一九二〇年には国民投票が行われ、北シュレスヴィヒはデンマークに、南シュレスヴィヒはドイツに属することになった。地図を見ればわかるように、デンマークとドイツの国境がユトランド半島の四分の三くらいの位置にあるのは、これらの歴史があったからである。

気がつけば、すでに秋空だ。気温は一六〜一八度で二〇度に満たない。木々も色づきはじめている。コーリン（Kolding）を出発してしばらく歩いていると、畑仕事をしている一人の農夫と目があった。

イェルズ（Jels）から二九キロメートルほど歩いて、長い入江の奥に位置する町ハーダースレウ（Haderslev）に着く。町のカフェテリアで夕食をとって、食後はパブへと向かった。というのも、毎夕食後に日課としている作業があるからだ。私はその日に歩いたコースマップを記録し、相棒の敬子さんは一日の歩行の様子を絵日記にまとめることになっている。この作業に約一時間、少し手間取ったりすると二時間ぐらいかかる。一日の歩行を終えてからの作業は実に根気を必要とするが、これを終えないと寝床には就かないと決めている。敬子さんは教職に就いている身ゆえ、旅から帰ればたまっている仕事も多くなかなか時間もとれないので、旅をしている間にその記録を仕上げてしまうのが得策と考えたうえでの日課である。

この地を歩いて何日も経つが、思うに、デンマークの人々は本当に親しげに話しかけてくる。とくに、日本と何らかの関係をもつ人はまるで親戚にでも会ったように嬉しそうに話してくる。今日も、オーベンロー（Aabenraa）へ行く途中の小道で休憩していると、散歩をしている老夫婦に話しかけられた。自分たちの息子が、レゴを販売する仕事で日本に三年間ほど滞在していたという。「プリンスの結婚式をテレビで観たわよ」と、皇太子と雅子さんの結婚の儀式をドイツからのテレビ放送で観たという。

デンマーク最南端の町パッツボー（Padborg）での宿泊は、「クロ（Kro）」と呼ばれるデンマークに古くからある宿。クロは、昔、馬で旅行していた時代に、一日の行程ごとに造られた宿で、日本でいうところの旅籠《はたご》だ。創業一五六六年、私たちが泊まるのは、フレデリック二世(4)のときから四〇〇年間もつづいている由緒正しきクロだ。住所に「ヘアヴァイエン25」とある。

夕食はクロ内にあるレストランでとり、ワインで乾杯する。足にできたマメに負けず、敬子さんはよく歩き通したものだ！

（3）Nikolaj Frederik Severin Grundtvig（一七八三～一八七二）。フォルケホイスコーレに関しては、清水満著『新版　生のための学校』（新評論、一九九六年）を参照)。

（4）Fredelic II（一五三四～一五八八、王位一五五九～一五八八）。十六世紀後半から一七世紀前半にかけてスウェーデンとバルト海の覇権を激しく争っていた時代に、北方七年戦争（一五六三～七〇）を行った。また、一一年の歳月をかけて、一五七四年にクロンボー城を築城している。

「よかったね。クロに泊まれて」

「そうだね。今晩寝たら、いよいよ明日がゴールだ」

「何事もなく、無事にゴールできそうだわ」

落ち着いた雰囲気のなかで優雅に食事を楽しもうと思ったが、相変わらずの早食い。私たち二人の皿は、あっという間にからになってしまった。

今日は途中で独り暮しの老人に出会った。歩いていると古そうな家があったので立ち止まると、タイミングよく家人と思われる老人が現れた。

「ずいぶん古そうな家ですね」

「ああ、これかね。かなり古いよ。ちょっとなかを見てみるかね？」

彼の名前はラスムス・ハンセン。数年前に奥さんを亡くし、息子さんは少し離れた町で教師をしていて、八三歳になる彼は独り暮らしをしているそうだ。部屋のなかはまるでアルバムを見ているようで、額に収められた家族の写真が壁を埋めつくしている。彼は冷えたビールとジュースを私たちにすすめると、エレクトーンの腕前を披露しはじめた。ゆっくりとした時間の流れだった。独り暮らしであっても、テーブルに花や写真を飾って日常生活そのものを楽しんでいる。そして、小さな庭では、チャボが元気よく走り回っていた。

クロから歩いてすぐのところにドイツとの国境線がある。夕食後、散歩がてらに一人でふらっと出掛けてみた。五〇〇メートルも行くと人家は消え、柵が現れた。

「これが国境線か……」

柵越しに見える向こう側の集落はドイツ。柵に沿って散歩道らしきものが延びている。道標となっている警察官の図柄に沿って歩いていったが、きっとこの道は国境警備のために見回りをした道なのだろう。あとで地図を見ると、この道はパッツボーからクルサ（Kruså）を通ってコーランド（Koland）までつづくおよそ一〇キロメートルの遊歩道だった。

さて、いよいよ最終日。クロを出ると子どもたちのにぎやかな声が耳に入ってきた。ちょうど、赤と緑と黄色のカラフルな三色帽子をかぶった地元の子どもたちが通学するところだった。どの顔も溢れんばかりの笑顔である。デンマークでは八月半ばも過ぎればそろそろ秋となり、学校の新学期がはじまる。横断歩道では、目立つ黄色い安全服を着た上級生が低学年の子どもたちを安全誘導していた。

ヴィボーから延びていたヘアヴァイエンもパッツボーが終点。そのハイライトともいうべき古い遺跡が残る箇所を通過する。一〇〇〇年前にもこの道は存在し、ここを通っていた人々が

おまわりさんのマークが遊歩道のコース

フレンスブルグの町の中へはいる北の城門はいかにもドイツらしい。

いたと思うと不思議な気持ちになる。歴史を知っているのは道だけなのだろうか。

国境を超え、ドイツのフレンスブルクまでは一二キロメートル。歩くほどにドイツの国境事務所が近づいてくる。まもなく、やさしい人々の国デンマークともお別れだ。デンマークは、老人であってもキャンプをしながらの自転車旅行が快適に楽しめる国だと思う。現に、そんな人たちとたくさん出会った。日本にいると、どうしても年齢を重ねるごとに冒険心や探検心が失なわれていくが、デンマークでは、いつでもこうしたことにチャレンジができるような気持ちにさせてくれる人々との出会いがあった。

国境を歩いて越える。フレンスブルクに入っても風景は変わらないし、デンマークの国旗もあちこちに見られる。南シュレスヴィヒであるこの地もかつてはデンマークだったわけで、今でも多くのデンマーク人が住んでいるのだろう。彼らのための学校や店もある。いったい、「国境」の意味とは何だろうとつい考えてしまう。

午後一時、フレンスブルク駅に到着。デンマーク縦断歩行の終了である。

ドイツ編●パートⅠ

歩く道も宿も
きめ細かくネットワークされ、
安心して歩ける国

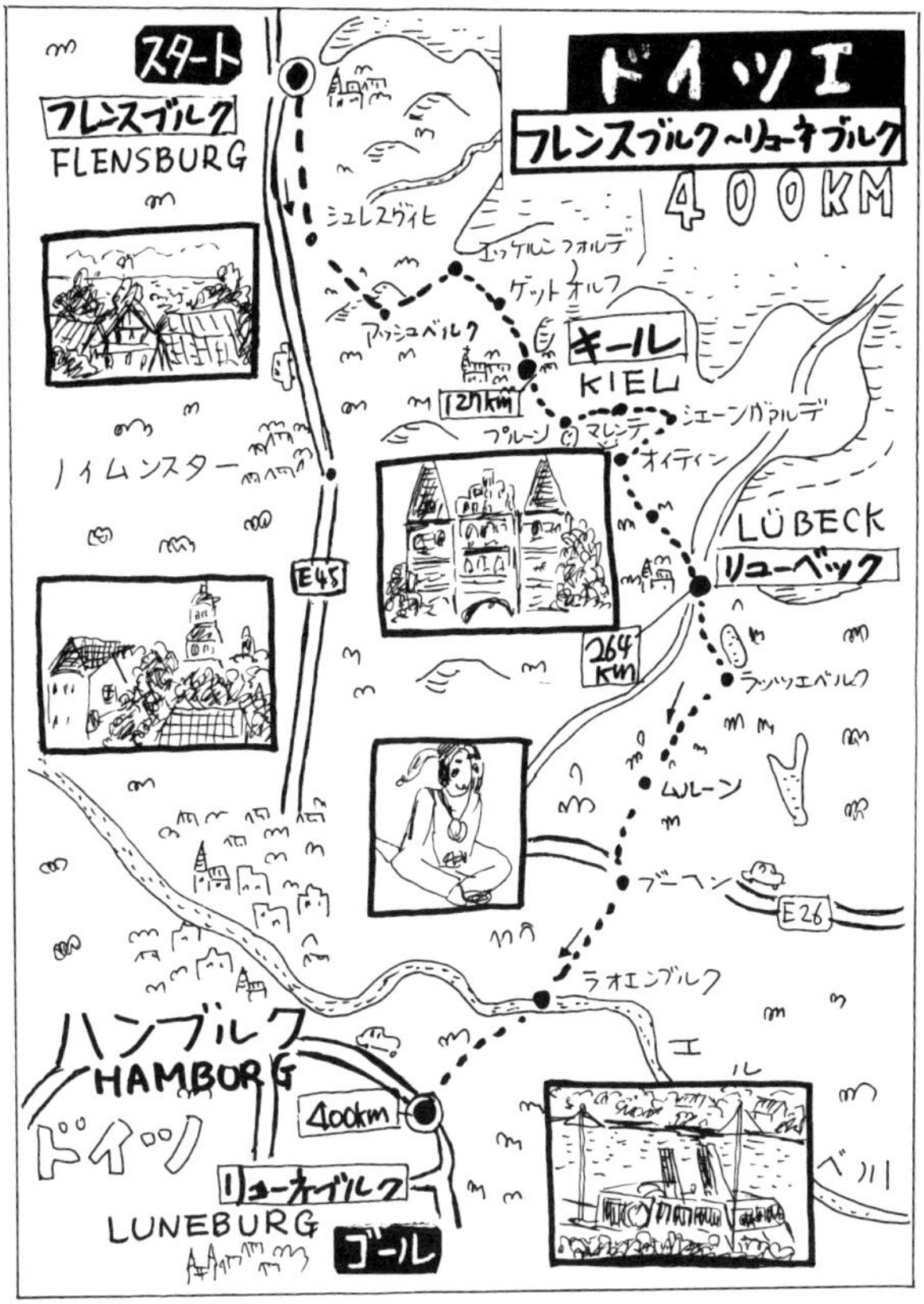

旅行期間：1994年 7 月31日～ 8 月18日

歩行距離：フレンスブルク（Flensburg）～
リューネブルク（Lüneburg）
400キロメートル（通算1000キロメートル）

ドイツへ入ってホッとした気持ちになっている。というのも、ドイツでの歩く旅はこれまでに何回か経験があるので、その様子がわかっているからだ。青年時代に、初めて私がヨーロッパへ出掛けた国もドイツだった。また、ドイツが東西に分裂していた一九八四年に、東ドイツとの国境の町ゴスラー（Gosler）からベルギーとの国境の町アーヘン（Aachen）までの七〇〇キロメートルを七週間かけて歩いたこともある。ドイツは歩く旅のためのコースがきめ細かにネットワークされており、そのうえ宿泊するユースホステル網も発達しているのでよい旅ができる。

1 フレンスブルク（Flensburg）～キール（Kiel）（七月三一日～八月四日）

あまりの暑さ、水分補給に悪戦苦闘

北ドイツのシュレスヴィヒ地方、入江の奥に発達した古い町フレンスブルク。デンマーク式の発音は「フレンスボー」である。前述したように、シュレスヴィヒ地方はかつてデンマークであったが、一九二〇年に帰属を問う住民投票が行われた結果、ドイツへの帰属が決まった地域だ。フレンスブルクには現在でも多くのデンマーク人が居住しており、デンマーク人のための学校もある。

フレンスブルク駅のすぐ裏からコースがはじまる。イタリアのジェノバ（Genova）までつづく「E1」(1)と、アドリア海に面したクロアチアのリエカ（Rijeka）までつづく「E6」は、いくつも

の国境を越えて三〇〇〇キロメートルに及ぶ長距離自然歩道で、いずれのルートもすべてマーキング（道しるべ）されているので安心して歩ける。日本の長距離自然歩道と違って、山のなかの険しい寂しいコースをつなげているのではなく、町から村へ、村から里へと、里道をつなげる魅力的なルートとなっている。

ヨーロッパの気候は夏の軽井沢や蓼科のような別荘地のところと似ているので、さわやかで、歩いていていてもひどい汗をかくことはない。しかも、今年のスタート地点はドイツの北端の町だからきっと涼しいだろう……と思っていた。

ところが、この思惑は大いにはずれて、異常に暑い。ジリジリと太陽が照りつける道を歩いているとのどが渇いて仕方がない（あとで知ったが、この年のドイツは異常気象で猛暑だった）。私たちの持参する一リットルの水筒の水はたった半日でなくなるほどで、「水の補給」——今回の旅はこれが一つの課題になりそうな予感がしてきた。

途中に店でもあればよいが、それもほとんどない。レストランでもあれば休憩がてらにビールでも飲んで落ち着くことができるが、そのレストランがあるのは「町」である。幸いにも、私の持っ

（1）「European Long Distance Footpath 1」のことで、通称「E1」。デンマークからイタリアまでヨーロッパを縦断する長距離自然歩道で、このほかにヨーロッパ内には、国境を越えてネットワークされている長距離自然歩道がE1〜E11まである。とくにE3のルートは、オーストリアのウィーンからドイツ、フランスを通ってスペインのサンティアゴ・デ・コンポステラまで続く巡礼の道として知られる。

ている地図の『ワンダーカルテ（Wanderkarte）』（コンパス社）にはレストランの位置が記載されているので、「よし、次の町にはレストランがあるぞ。これでビールにありつける！」と希望ももてるのだが、いかんせん……である。

シュレスヴィヒ（Schleswig）への道中、暑さのために二人ともフラフラとなる。地図にあるレストランマークまで頑張ってみようと二人で決めるが、あるはずのレストランがそこにない。地元の初老の男性に、身ぶり手ぶりで尋ねても「ない」と言っている。気落ちして、そばにあったベンチへ二人してヘナヘナと座り込んでしまった。私たちの様子に同情したのか、その男性はいったん家へ戻ると、今度は冷えたミネラルウォーターのびんとコップを持ってきて、私たちに差し出した。

「あ、あ、あ、ありがとう！」

あまりの突然の出来事に、二人ともお礼を言うとすぐに一気にコップの水を飲みほした。

「おいしい！　とっても助かりました。シュレスヴィヒまではもうすぐ。これで頑張れます」

ミネラルウォーターをごちそうしてくれた老人たち

昨日の蒸し暑さに比べれば、今日はまだマシ。日陰の道も多く、風も心地よい。シュレスヴィヒの湖も過ぎ、地図によると次の休憩予定地にはまたもやレストランマークがあった！　これで、冷えたビールが飲めるぞ。足取り軽くレストランを目指したが、いざ到着してみると室内は暗く、ドアが閉まっている。

「チキショウ！　なんで休みなんだ」と心のなかで叫んでみても、のどの渇きはいっこうに収まらない。ビールの泡は夢と消えた。仕方なく民家の前の道路で気落ちして休んでいると泥だらけのワンパク坊主が話しかけてきたので、「水筒に水を入れてきて欲しい」と頼んだ。数分して、私たちの小さな水筒を携えてやって来たのはその子のお母さんだった。

「バンクのほうで休んでいってくださいな」と言って庭のほうを指差した。

「バンク？　銀行なの？」と、不思議そうな顔をする敬子さん。

「こんな小さな村には銀行があるわけないよ。『バンク』とはドイツ語で『ベンチ』のことだよ」

庭先のベンチで、水筒に水を入れてもらっている間休ませてもらった。

歩きはじめて三日目、八月二日にアッシュベルク（Ashberg）へ到着した。この町のユースホステルは小高い丘の上にあり、そこからの眺めはよく、小じんまりとしていてアットホームな感じのする私たち好みのホステルだった。周囲は森になっていて、運動場とレストランが併設されている。運動場でサッカーの試合などがあったときは、このレストランは大勢の人たちでにぎわうのだろう。

大きな湖のほとりに出た。町は近い。湖畔沿いにつづく遊歩道には緑も多く、そぞろ歩きをする人たちの姿が見られた。ここ数日、照りつける陽射しは容赦なく暑かった。こうして木陰に入ると、心地よい涼しさがどっしりとした疲れをどこかへ持ち去ってくれるようだ。

次に向かったエッケルンフォルデ（Eckernförde）の町で、計画時の距離の測定に誤りのあることが判明した。これから向かうキール（Kiel）に二泊して最初の休養日をとる予定だったが、正しく測定しなおすと、キールをまでが三六キロメートルで、そのあとのキールからプルーンまでが三七キロメートルで通算で七三キロメートルだった。三七キロメートルだと無理をすれば一日で歩ける距離ではあるが、一日四〇キロメートル近く歩くとなると、朝食をとらずにユースホステルを出発してひたすらピッチを上げて歩くことになる。それではスケッチもできないし、長い休憩もできない。となると、私たちの旅のスタイルに反することにもなる。休養日はなくなるが、旅のスタイルは変えたくないので七三キロメートルを三分割することにして、一日目一五キロメートル、二日目三二キロメートル、三日目二六キロメートルという行程に変えた。そのことを、敬子さんにも伝えた。なんといっても、ルートづくりは私の仕事である。

本来ならば、徒歩旅行は出発してゴールまで一切乗り物を使用しないというのが望ましいが、宿泊事情などの関係で、必ずしも一日で歩ける行程がうまく連続するとはかぎらない。私は、今回の旅では分割方式を採用した。スケッチをしながら歩いていける距離は一日に三〇キロメートルまでと決めているので、四〇キロメートルなら当然二分割することになるが、三二キロメートルくらいとなると本当に迷う。分割した場合には、歩き終えた時点で何か乗り物を利用して宿に戻らなければならないので、その交通手段を考えると分割する位置は鉄道の駅であることが望ましいが、そうそう都合よくはいかない。また、バスの場合だと、本当に運行しているのか、日曜は動いているのか、本数はどうかと事前に調べることが多くなるだけでなく不安感も増すことになる。

エッケルンフォルデの町は、オストゼー（Ost-see／バルト海）に面した白い砂浜の美しい保養地である。砂浜には、日光浴を楽しむ人たちが多く見られた。さすがに北部ドイツのせいか水は冷たく、泳いでいる人も少なく、ほとんどの人が砂浜でそれぞれに楽しんで過ごしている。海辺の少ないドイツで、こうした場所は貴重なのだろう。周囲を海に囲まれた日本はその点では恵まれてい

エッケルンフォルデの湖畔を行く

るが、このところ日本の美しい海岸線がどんどん少なくなってきているのが残念でならない。そう、防波堤やテトラポットが風景を壊しているのだ。

ここでバルト海に別れを告げたら、今度に海に出合うのはゴールとなる地中海の町ニースである。「これが見納めか」などと思って二人で海辺で休憩していると、犬を連れて海岸を歩く一人の女性が突然服を脱ぎはじめた。もちろん、下には水着を着用しているが……。水着姿で犬と一緒にザブザブと海のなかへ入っていき、そのうち女性はトップレスになってしまった。私たち以外に見ている人もいなかったが、さすがにちょっと驚いた。このあとゲットルフ（Gettorf）まで歩き、つづきはまた明日とした。

翌日、歩いていると大きな運河に出た。バルト海と北海を結ぶ全長一〇〇キロメートルに及ぶノルト・オストゼー運河だ。スエズ運河、パナマ運河に次いで、世界第三位の貨物量を誇っている。開通は一八九五年で、時の王ヴィルヘルム二世(2)臨席のもとに盛大な開通式が行われたといわれている。この運河沿いに進むと、シュレスヴィヒ・ホルシュタイン州の州都としてめざましい発達をみせるキールの市街地である。

港の公園では、そぞろ歩きをする人たちの姿が目立った。港には大型フェリーが停泊していて、ここからデンマーク、ノルウェー、スウェーデン方面へと渡ることができる。キールで早めの夕食をとると、まだ少し時間的にも体力的にも余裕があったので、一一キロメートル先のライスドルフ（Raisdorf）まで歩いた。

2 キール(Kiel)～リューベック(Lübeck)　(八月六日～一一日)

かやぶきの古い民家のユースホステル

キールとリューベックのほぼ中間地帯、シュレスヴィヒ・ホルシュタイン州はドイツ最大の湖水地帯で、大小さまざまな湖水が点在していて一大保養地になっている。当地では、湖水の多い国スイスをもじって「ホルシュタインのスイス」などという名で呼ばれている。しかし、スイスのような山はまったくない。イギリスにも湖水地帯があるが、こちらは山に囲まれて、イギリス最大の保養地として知られている。誰だ！　こんな呼び名をつけたのは！

ためしに地図でこのあたりの湖水の数を調べてみると、名前のあるものだけでも七〇、名なしの湖まで加えれば一〇〇以上あった。これらの湖がたった一枚の地図、広さにして東西二五キロメートル、南北二〇キロメートルの狭い範囲内に点在しているのだから、「ホルシュタインのスイス」とも呼びたくもなるのだろう。最大の湖はプルーン湖で、隣接する湖とは水路で結ばれていて船で

(2)　Wilhelm II（一八五九～一九四一）。ドイツ皇帝、プロイセン王（在位一八八八～一九一八）。世界政策を展開するも、内政・外交上では危機を招き、第一次世界大戦後にオランダへ亡命し、退位した。技術の進歩に非常な興味を示し、在位の間に科学技術は飛躍的な発展を遂げた。

行き交うことができる。大きな遊覧船も運行していて、それにはあふれんばかりの人が乗っていた。湖畔には多くのレストラン、みやげもの屋、ホテルが立ち並んでおり、日本のリゾート地のような雰囲気である。私たちは、このプルーンの町へ入った。

ここから先、プルーン（Plön）、マレンテ（Malente）、シェーンヴァルド（Schönwalde）、オイティン（Eutin）と四つのユースホステルを結んで歩いていくのだが、距離もそれぞれ二三キロメートル、二〇キロメートル、一五キロメートルと歩きやすく、景色もきれいでコースも整備されているイチ押しのおすすめエリアである。それぞれが休みながら歩いても十分に一日で着ける距離なので、レストランでゆっくりとした食事を楽しむこともできる。

プルーンのユースホステルは湖畔にあり、目の前にはプルーン湖が広がるすばらしいロケーションになっている。プルーン湖から突き出た小さな半島には遊歩道があり、車は入り口まであとは歩いて先端まで行くと、広々としたプルーン湖を見渡すことができる。小さなビジターセンターでは周辺の自然についての解説や展示がされていて、ボランティアらしい人がドイツ語でていねいに説明していた。こうした施設には専門の学芸員らしい人がいて、詳しいことを知りたければちゃんと説明をしてくれるらしい。

日本でも、国立公園にはビジターセンターが設置されたりして最近のものはすいぶんよくなっているが、建物はおよそ自然に調和しているようには見えないコンクリート造りで、ただ展示しているだけのところがまだまだ多く、来館する人たちと積極的にコミュニケーションを図ろうとするスタッフを見つけることはとても難しい。ハードも大切だが、それを活かすためのソフト、それも「人」による説明がもっとあってもよいと思うのだが……。

プルーンからマレンテまでは半日の行程なので、午前中はプルーンの町で過ごす。北ドイツに住む人たちにとっては絶好の保養地なのだろう。キールやリューベックといった古い町を訪れるのもよいが、閑静な湖のほとりでのんびり過ごすのもまたステキなことだ。

湖畔の芝生の上にザックを下ろし、しばらく休憩をとった。このひとときを利用して近所の郵便局から貯まった資料を日本へ発送しようと思い立ち、車道へ出ると一軒のかわいらしいかやぶきの家が目に入った。そこは郵便業務も行っている手づくりの品を売る店だったので、ここで小包を出した。

「小包を出してきた店、かやぶきだったよ。一枚スケッチしてくれば?」

「そうね」といって、敬子さんはスケッチブックと色鉛筆を持つと車道のほうへ向かっていった。

さて、スケッチに行った彼女はこれで三〇分は戻らない。私は木陰でひと眠り……zzzzzz
……通りがかりの婦人が何か言っているのが耳に入る。

「……ポリツァイ……」

あいさつでもしているのかな？　気にも止めずまた寝た。

再び睡眠を邪魔したのは騒音だった。驚いて飛び起きると、目の前には緑と白のドイツ警察のパトカーで、車体には「ＰＯＬＩＺＥＩ」の文字がくっきりと描かれている。五メートルほど離れたところに置いてあった敬子さんのザックを不審物だと思った先ほどの婦人が警察（ポリツァイ）に通報したのだ。ちなみに、いまだかつて私たち夫婦は旅の途中で一度も警察のお世話にはなっていない。警察官の姿を見て、持ち主がスケッチを終えて慌てて帰ってきた。得意の身ぶり手ぶりで警察官になんとか自分たちの荷物であることを告げ、軽率な行動をわびた。二人の警察官は、「わかった、わかった」という感じでにこやかな表情を見せてくれた。

「教訓。ザックはやたらにその辺に置きっ放しにしないこと」（敬子）

プルーン、マレンテとずっとつづいた湖沿いの道を離れ、しばらく森の道を歩くと、湖水地帯のはずれにシェーンヴァルドのユースホステルがある。少しアップダウンのある道だったが、その分、丘の上からの眺めはすばらしい。

小さなユースホステルの建物のドアを開けるとなかから管理人のおばさんが出てきて、全身で表す大歓迎を受けながら

パトカー。危うく荷物を持っていかれるところだった

渾身の力で握手をされた。建物はかやぶきの古い民家、敷地内には小さな池があり、夕食後に敬子さんはここでもスケッチをした。

「手がこんでいて、ここの夕食はおいしいね」

ホクホクのゆでたジャガイモ、ちょっとにがみのあるゆでた芽キャベツ、そしてやわらかく煮込んだ豚肉は分厚く切ってあった。デザートに甘さ控えめの三色アイスクリーム、そしてコーヒー。

家庭的な手づくりの温かい料理は、歩く旅人にとっては普段の何百倍ものおいしさになる。部屋に入ると、洗濯仕立てのピシッとしたベッドカバーが私たちを迎えており、心のこもったもてなしが伝わってくる。そして、翌日の出発の際にはユースホステルで販売しているポリタンク製の小さい水筒に水を詰めてもらった。そんな心づかいがとても嬉しかったので、出発前の短い時間にハガキサイズの紙にここの建物をまたスケッチして、お礼のつもりで置いてきた。ご夫妻は玄関から無事に旅ができるようにと、笑顔で手を振りつづけていた。日本人が行きそうにない小さな村のユースホステルの温かなもてなしを受けた私たちは、上機嫌で歩きはじめた。

ヨーロッパ長距離自然歩道の道標である黒地に白のクロスマークをたどって、オイティンをめざして歩いていく。あるときは森のなか、またあるときは牧草地、そしてあるときは湖畔沿いと、自然の恵みを十分に味わえるすばらしいコース設定に私は感心した。

オイティンで二冊のガイドブックを購入する。いずれもこの地方のワンデルン（歩く旅）のガイドブックで、一冊はヨーロッパ各地の人気の歩くエリアを発行するブルックマン社のオールカラーのものである。もう一冊のほうはというと、ドイツ各地のワンデルンガイドを発行しているBLV社のハードカバーの表紙のもので、重量があるために決して携帯用ではないガイドブックである。カラーと白黒が半々で、手描きのコースマップがなかなかわかりやすくて味がある。五〇ヵ所のエリアを取り上げていて、エリア別に三〜四コースが紹介されているのでかなりの分量となっている。コースの取り方はいずれも出発地へ戻るように設定されているので、出発地点までは車で来る人を想定しているのだろう。二冊とも「ガイドブック」というよりは写真集に近く、単に実用的なものではなく見ても楽しいものになっている。

暑い日がつづいた今回の旅も、リューベックへ入る日は朝から雨に見まわれた。雨でも雨具を着けて歩くのでなんら支障はない。宿泊していたシャルボイツ（Scharbeutz）のユースホステルに少年たちのグループがいたが、彼らはたくましいかな、黒いビニールのゴミ袋を上手に切って頭と腕が出た手づくりカッパを着て、結構強く降っている雨のなかを自転車に乗って元気よく出発していった。さあ、われわれも出発だ！

雨はやまず、一日、雨のなかをとぼとぼと歩く。リューベックの町へ入る手前で見つけたカフェに私たちは吸い込まれるようにして入って、温かいコーヒーで身体を休めた。カフェの窓からは重たい曇天の遠くに教会がかすんでいる……。リューベックまであと少しだ。

3 リューベック(Lübeck)～リューネブルク(Lüneburg)　(八月一二日～一八日)

元気に自転車旅行をつづける中年グループ

フレンスブルクを出発して一二日間歩きつづけてリューベックへ着いた。本来ならば、一週間か一〇日に一度は町に滞在して休養することにしているのだが、私のコース設定ミスでその日が吹っ飛んでしまった。

リューベックはハンザ同盟の町として栄え、バルト海を舞台にした塩などの交易によって財をなした商人の町である。ユネスコの世界遺産の指定にもなっており、二本の尖塔のホルステン門は写真でもおなじみだ。また、リューベックは作家トーマス・マン(3)の生まれた町でもある。

私たちは半日ほど時間をつくり、古い町並みが残る旧市街地の裏道を気ままに歩いた。ホルステン門をくぐり、市庁舎とマリエン教会のある広場でスケッチをする。天気はあまりよくない。風が冷たく、ときおり霧雨も降り、半袖では少し寒いくらいだ。旅の前半の、あの暑さがまるで嘘のよ

(3) Thomas Mann（一八七五～一九五五)。ドイツの作家。リューベック生まれで、一九二九年にノーベル文学賞を受賞。一九三三年にはナチス・ドイツを避け、国外講演旅行へ出たまま帰国せず、スイスのチューリヒ近郊に居を構え、一九三六年に亡命宣言をする。一九四二年から一〇年間アメリカで過ごしたのち、スイスへ戻って一九五五年に没。同年、リューベックの名誉市民となる。主な著作『ヴェニスに死す』、『魔の山』、『トーマス・マン日記』など。

うだ。ちょうど、日本の夏山のような気候で、太陽が出ている間はTシャツ一枚でも大丈夫だが、少しでも天気が崩れるとすぐに気温は下がり、セーターを着用しなければならなくなる。よく見れば、行き交う人は皮ジャンパーやハーフコート、ロングコートに身を包み、すっかり秋の装いとなっていた。

湖畔沿いを歩き、ラッツェブルク（Ratzeburg）に到着。私たちが泊まるのは、湖畔の一等地にある高級ホテルの隣に堂々と立つ、二人で二食付き一泊約五〇〇〇円のユースホステルだ。隣の高級ホテルに泊まったら、いったいいくら払うのだろう……。

ユースホステルというと日本では収入の少ない学生や若者が利用する宿と思われがちだが、ヨーロッパでは若い人たちはもちろんのこと、家族や中高年のグループの利用も多い。自然のなかで、身体を使って活動したい人が自由に利用している。「たまの休みくらい温泉につかってゆっくりとしたいものだ」という文化とは違って、せっかくの休暇なのだから積極的に身体を動かし、自然に親しもうというのがヨーロッパ的休暇の過ごし方のようだ。

翌朝、出発の準備を整えて玄関に出ると、自転車旅行中の中年グループが出発の準備中だった。自転車旅行にユースホステルはとても都合がよい。歩きでは無理な距離であっても、自転車であれば必ず次のユースホステルまでは行けるから、ここをつないで移動すれば旅のコースは簡単にできあがってしまう。荷物を自転車にくくりつけ、気楽にどこへでも風を切って行けるなんて最高の旅行である。そういえば、今までにヨーロッパの多くの駅で、列車が到着すると自転車マークの付いた車輌へ自転車ごと入っていく旅行者を何度も見た。先にも記したように、自転車専用の車輌があるのだ。自転車旅行が気軽にできる環境が整備されているのだ。

しばらく森のなかを歩いてベンチで休憩していると、さっきの一団が私たちをスーッと追い越していった。そして、しばらく行くとまた彼らに遭遇した。一行は一週間の予定で旅をしているとのことで、今日はハンブルク（Hamburg）へ戻る日といっていたが、いま仲間の自転車の調子が悪くなったので調整しているという。記念ということで、いっしょに写真に収まった。

雨の中を元気に自転車旅行を続けている中年グループ

八月一四日、ラッツェブルクからメルン（Mölln）へ向かった。メルンの町で有名なものに「ティル・オイレンシュピーゲル」（Till Eulenspiegels）がある。ドイツではよく知られた伝説上の人物で、マルクト広場にはティルの銅像があり、ハイマートミュージアムにはティルに関するものが展示されていた。私たちの宿泊したユースホステルにもティルの像が飾ってあるほか、食堂の壁にはティルの物語が壁いっぱいに大きく描かれていた。

「ザルツストラーセ、日本流にいえば塩の道か」

自転車マークのついている電車には自転車を乗せるスペースがある

ティル・オイレンシュピーゲル

メルンのユースホステルにあったティルの像

　実在した職人の愉快ないたずらをひとまとめにして「ティル・オイレンシュピーゲルの物語」という。その話は、1510年ごろに通俗民衆本として『ティル・ウーレンシュピーゲル』という名で出版された。その後、物語はさまざまに書き加えられて変化し、伝説として現在に至っている。

　ここで、主人公であるティルの紹介。彼はメルン生まれで、14世紀にドイツ各地を放浪しつづけた。死ぬまで妻子も金も持たず漂泊の旅をつづけ、根っからのいたずら者だったらしく、あるときは手工業職人、またあるときは医師、僧侶、画家、騎士になり、威張っている諸侯や貴族、親方や役人などをからかって行く先々でいくつもの滑稽話を残した。作曲家リヒャルト・シュトラウス（1864〜1949）はティルをモチーフとして、交響詩「ティル＝オイレンシュピーゲルの愉快ないたずら」という管弦楽曲を作曲し、そのいたずら者の姿を音楽で表現した。

メルンを過ぎて少し行くと石畳の道が現れた。標識には「ザルツストラーセ」(Salz Straße)とある。リューネブルクでとれた岩塩をリューベックまで運んだのが「塩の道」である。製塩は、リューベックの港から北欧の国々やロシアへ船で運ばれた。この道は、現在「エリカ街道[4]」と呼ばれるルートに組み入れられている。

エルベ川を渡り、着々とゴールのリューネブルクに近づいている。エルベ川は、中部ヨーロッパである。チェコのボヘミアの森から流れる大河で、ドイツのドレスデン(Dresden)を経てハンブルクを通って北海へ流れ込んでいる。エルベ川のほとりの町、ラウエンブルク(Lauenburg)のユースホステルに泊まる。夕食はカルト・エッセン(軽食で冷たい食事)で、朝食のような簡素なものだった。ぬるい紅茶に、「身も心も寒くなっちゃったみたい」と敬子さんがポツリと一言。「ちょっと、ワインでも飲みに行かない?」と敬子さんを誘い、町へと繰り出す。石畳に古い民家、オレンジ色の街灯がロマンティックな雰囲気をつくっていた。エルベ川がよく見えるレストランに入ってワインを注文した。宮本輝の作品に『ドナウの旅人[5]』という小説があったが、今まさに私の気分は「エルベの旅人」。ほろ酔い気分でエルベ川に架かる橋を渡った。

(4) ハノーファーからリューベックを経てプルーンまでの約三〇〇キロメートルに伸びる観光ルート。北ドイツのロマンティック街道ともいわれている。街道名の「エリカ」とは真夏に咲く赤紫の花の名で、イギリスでは「ヒース」と呼ばれている。ロマンティック街道が日本人の観光客であふれ返っているのに比べて、エリカ街道を訪れる日本人は少ない。

最終日、歩き出しから太陽が顔を出しているのは何日ぶりだろう。しばらく行って、リューネブルクへ入る少し手前でパトカーが私たちのところへやって来た。

「君たち、歩道のない道路では左側を歩きなさい。それがドイツの交通ルールですよ」

警察官に、パトカーのなかから親切な英語で注意された。この国では車は右側を走っている。私たちは、歩道のない道路の場合は原則として車と同じ方向を歩くようにしている。交通ルールではもちろん違反行為なのだが、理由は対面通行だと車の風圧をまともに受けやすいのと、常に前方から来る車に注意を払いつづけて歩かなければならないからだ。しかし、車と同じ方向へ歩くということは運転手を信用しているということが前提で、後ろから追突されたら万事休すである。

注意されてから左側に切り替えたが、しばらく歩くとまたすぐ元に戻って右側を歩いていた。どうやら、この習慣は直りそうにない。

リューネブルク駅に着いた。ここが今年の夏のゴール。平坦な道のつづいた北部ドイツも終わり、来年からは少し起伏のある中部ドイツへ入っていくことになる。

---

(5) 宮本　輝著、新潮文庫。夫を捨てて一七歳年下の恋人とドナウ川沿いの旅に出た母を連れ戻すべくドイツへ旅立つ娘。娘はドイツで昔の恋人と再会し、母は旅に誘われた年下の恋人には四億円もの借金があり、彼にとっては死ぬための旅であることを知る。四人は合流し、東西七〇〇〇キロメートル、七ヵ国にまたがるドナウ川に沿って終点の黒海に辿りつくまで共に旅をはじめる。旅先での人との出会いや別れに変わりゆく四人の心象風景をつづったもの。この作品は、東ヨーロッパ諸国が共産主義体制下の時代に書かれた。

ドイツ編●パートII

小高い丘が点在する、
歩きやすい道を行く

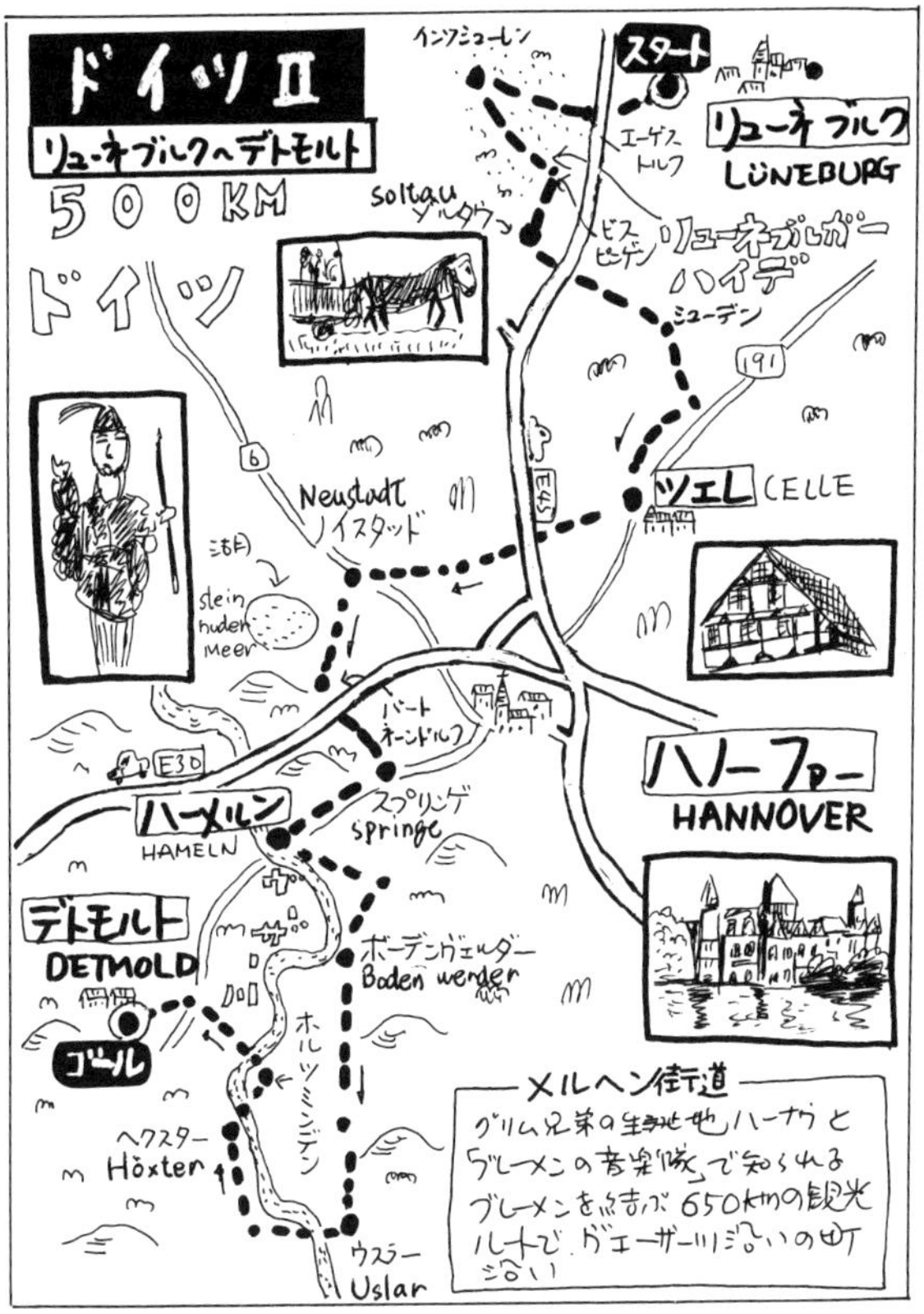

旅行期間：1995年7月24日～8月15日

歩行距離：リューネブルク（Lüneburg）～
デトモルト（Detmold）
500キロメートル（通算1,500キロメール）

北ドイツもデンマークに近いあたりは広々とした平原がつづき、起伏はまったくといっていいほどなかった。長期にわたって歩く旅では、ずっと平坦な道というのは変化に乏しく、少しばかり退屈なものだ。今回歩くハノーファー（Hannover）を州都とするニーダーザクセン州は、あちこちに小高い森や丘陵が点在している。二回目のドイツの歩く旅はようやくドイツらしい歩く道が現れ、そのうえ歩きやすくなっている。

1 リューネブルク（Lüneburg）～ツェレ（Celle）　（七月二四日～三〇日）

ハイデを通り、サーカスを観たり、映画を観たり

まずは、三日間を費やして原野の残る自然保護地域であるリューネブルガーハイデを歩きぬく予定だ。初日の到着地点はエーゲストルフ（Egestorf）である。

ここは、森のなかにしゃれたレストランやホテルが立ち並び、かやぶき屋根のホテルも数軒見られるリゾート地だった。どこの国を歩いていても、かやぶきの建物に出合うととても嬉しくなる。古いものを大切にしているという気持ちに触れたようで、住んでいる土地の人々の温かい心が伝わってくるのだ。背後には、巨大な自然公園「リューネブルガーハイデ」が控えている。年配の日本人夫婦が老後にこんな場所でゆっくりと滞在できたらステキだろうな……そう思わずにいられない

ところだ。

翌日から、本格的にリューネブルガーハイデへ足を踏み入れることになる。東西約一四キロメートル、南北約二〇キロメートルにわたるドイツ唯一のハイデ（原野）で、この自然公園はただ通り抜けるだけでも歩いてたっぷり一日はかかる。

森のなかの道を進むとやがて広々としたハイデに出た。砂地に雑草と白樺など、わずかな潅木だけが残る荒野も、一年のうちの八月から九月にかけての真夏だけは、ハイデ一面が淡いピンク色のエリカ（ヒース）が覆う。七月の終わりでは、まだエリカはほんのチラホラと花を咲かせているだけだった。八月の花の最盛期にはぜひ一度は訪ねてみたいところだ。また、少し起伏のある地形なので、それを利用して羊の放牧もしているようだ。

三時間歩いて、ウンデロー（Undeloh）の村へ到着。広大なハイデを見て回るための馬車ががたくさん停まっていた。ハイデには、車両は乗り入れ禁止となっている。観光タクシーの代わりの観光馬車なのだ。それに、貸自転車も揃えている。いずれにしても、排気ガスを放出する自動車は完全に閉め出されている。

広大なリューネブルガーハイデは自然保護地域

ウンデローからは、黒地に白いクロスマークが道しるべのヨーロッパ長距離自然歩道を行く。私たちの歩くE1のルートはリューネブルガーハイデを南北に縦断しているので、このクロスマークを見落とさないように歩けば道に迷うことはない。

七月二六日、ビスピンゲン（Bispingen）へ向かった。途中、時間に余裕があったので休憩をとり、敬子さんはこの時間を利用してスケッチをし、私はその間、町の小さなミュージアムをのぞいた。建物はかやぶきで、内部にはリューネブルガーハイデに関するものが展示されていた。

このあたりはかやぶきの建物がやたらに目につく。家々の窓際はきれいに飾り付けられていて、敬子さんは家々の飾り付けの様子を見ることに歩きの楽しみを見いだしたらしい。立ち止まっては感心して見入っている。一軒一軒、それぞれ窓や庭や塀を個性的に飾っており、それが自分たちのためだけではな

馬車に乗って観光

く、通る人や見る人のためにデコレーションをしているという心意気が感じられて「その余裕がうらやましい」という。しかし、それは決して見せびらかしている感じを与えていない。

ビスピンゲンで宿泊し、次なる町ゾルタウ（Soltau）へ向かった。

ゾルタウの朝はあいにくの天気……雨具を着けて出発した。ミューデン（Müden）の町へ入るとカフェがあったので一息つく。ザックを下ろすと、壁に貼られたサーカスのポスターが目に入った。店主に尋ねたところ、カフェの近くで開催されるという。サーカスなんて、外国はおろか日本でも観たことがない。よい機会だからちょっとのぞいてみようと、夕食後に出掛けていった。

ショーのはじまる午後七時少し前にサーカステントへ向かった。サーカスといっても小さなサーカスで、前のほうの席のチケットを二つ取ってテントのなかへ入っていくと、すでにはじまっていた様子で、子どもたちの大きな笑い声がテント中に響いていた。真ん中の舞台では司会とピエロが何やら問答をしていて、それがどうやら面白いらしい。何がそんなにおかしいのかは残念ながらわからないが、観に来ている人たちの様子を観察するのもまた私たちにとっては楽しいことだ。

ピエロを進行役に演目はどんどん進んでいった。綱渡りやアクロバット……それに山羊の芸までが登場した。一時間ほどですべての出し物が終了すると、どの子どもも嬉しそうな顔で親に連れられて家路に就いていた。

「小さいころ、サーカスが来ると悪い子はサーカスに売り飛ばすよ、と脅かされたことがあるけれど、このサーカスの子どもたちはここで育ったのかしら？」という敬子さん。そんな心配をしながら子どもたちのアクロバットを観ていたのかと、思わず彼女の顔をのぞきこんでしまった。

ミューデンからエシェンデ（Eschende）までの一二キロメートルを一日で歩き、今日はツェレ（Celle）に入る。ツェレは「北ドイツの真珠」という別名をもつ、木の骨組みの家並みが美しい町で、七〇〇年以上の歴史がある城下町だ。建物には、建てられたときの年号が刻まれていた。見れば、三〇〇年前のぐらいのものがざらで、五〇〇軒以上ある木骨組みの家々は修復され、文化財保護下に置かれている。町の周りは川で囲まれ、中心部には公爵の城と市庁舎があり、見て回るにもさほど時間がかからないところだ。

午後三時ごろに到着した私たちは、まずアイスクリームを食べた。町は観光客でにぎわっていた。ここでは、年配の男性一人でもおいしそうに生クリームたっぷりのアイスパフェにパクついている。夕方からは二人で映画を観に行く。選んだのはアメリカ映画、これなら少しはわかるだろうと思ったが、驚いたことにテレビで放映される洋画のようにオール吹き替えだった。ドイツ語のヒアリングの勉強にはなるけれど……セリフはちんぷんかんぷんだったがストーリーはなんとなく理解できた。

私たちは、日本にいるときでも普段から恋人気分でよく映画を観に行ったり、美術館やコンサートへ出掛ける。結婚してから二〇年も三〇年もすれば、夫婦二人で出掛ける機会は冠婚葬祭くらいという人たちが多いのではないだろうか。一方、ヨーロッパの人たちは年齢に関係なく夫婦であちこちへ出掛ける。公園で手をつないで散歩したり、ハイキングで仲むつまじく歩く姿に年齢などは関係ない。私たち夫婦は、平日の日中は互いにそれぞれの仕事をして過ごすが、休日などは折りをみて一緒に歩いている。つまり、私たち夫婦は、休日を過ごすのに日常生活をガラリと変えるような「何か特別なこと」を必要としないのだ。無理をして共通の趣味を見つけようとしたり、無理をして相手の趣味に合わせることをせず、個人は個人としてお互いを尊重しあっているのだ。しかし、お互いを尊重しあうだけでは寂しい気もする……夫婦なのだから。

私たち夫婦がいっしょに行っているのは、里や野道を歩くカントリーウォークや町なかを歩くタウンウォーキングだ。町を歩くとき、多くの観光客が通り過ぎてしまうような名もない建物や人通りの少ない裏通りのほうが私たちには興味深い。つまり、自分なりに何かを発見しながら歩くことがタウンウォーキングのスタイルである。町や村の魅力をいくつ発見できるかは、ウォーカー一人ひとりの感性や教養にかかっている。

2 ツェレ(Celle)～ハーメルン(Hameln)（七月三一日～八月三日）

ユニークな結婚の祝福スタイル

ツェレを午前六時五〇分に出発した。マーレンドルフ（Mallendorf）までは約三五キロメートルの長丁場だ。昨日は日曜日で店が休みだったので、用意できなかった行動食をユースホステルの奥さんにお願いした。ランチパケット（昼食の弁当）には皮をむいただけのニンジンが一本入っていたほか、固い黒パン、サラミ、チーズ、トマト、そしてハチミツという取り合わせである。気温三〇度を超す暑さがつづくのでどうしても水物ばかりがお腹へ入るなか、生ニンジンはさっぱりとしていてとてもおいしかった。馬はニンジンを食べると馬力がつくようだから、さしずめ今の私たちもニンジンを食べて人力をつけ、長距離を歩けということなのだろう。

「さあ、宿まであと少し！」、二人で気合を入れて重いザックをそれぞれ背負う。

マーレンドルフのユースホステルはユースホステル協会とは別組織の「ネイチャーフロインデンハイム（Natürfreündenheim）」の施設として利用され

マーレンドルフの森の中にあるユースホステル

ている。名前の通り自然に親しむための拠点施設で、ヨーロッパを中心に組織されており、施設は日帰り用と宿泊用に分かれている。ここのホステルは池のほとりに立つ一軒家で、料金はユースホステルよりも若干高めの設定だが、部屋はちょっとしたホテル並みで、ツインベッドで部屋からは森に囲まれた池が見える。森に包まれた静かな環境で、私たちはぐっすりと眠った。

マーレンドルフからは三日間かけて、ノイシュタット（**Neustadt**）、バートネーンドルフ（**Bad-Nenndorf**）、そして森を抜けてスプリンゲ（**Springe**）まで歩いた。この区間はユースホステルがないので、仕方なく、ハノーファー（**Hannover**）のユースホステルに連泊して日帰りで歩いた。うまい具合にこのコースには鉄道が通っていて、重たい荷物を背負わなくていいのがうれしい。こんな日がつづいても悪くはない。

バートネーンドルフは高原の長期温泉保養地で、ゆっくりとした時の流れを感じた。というのも、きれいに整備されたあちこちの公園でお年寄りが思い思いに過ごしている光景がたくさん目に入ってきたからだろう。ベンチに腰を下ろして読書をしたり、話や刺繍をしたりして、みんな楽しそうにのんびりとしている。それに、歩いていると車椅子の人に何人も出会った。つられて、私たちの歩調もいつになくゆっくりとなる。

「いいわねえ、老後にこんなところで過ごせるなんて」

「うーん。聞くところによると医師の処方箋があれば、健康保険の適用を受けてこうしたところで長期療養もできるみたいだよ」

「うそみたい！　こんなことできるのは、日本じゃごく一部のお金のある人たちだけでしょう！」

「年金制度もしっかりしているから、定年までしっかりと働けば、貯蓄に精を出さなくても安心して暮らせるようになっているようだ。その代わり、税金は日本よりずっと高いらしいよ」

「きちんと税金を納めて、それをきちんと福祉に使ってくれるほうがどれだけ安心か……」

ベンチに座ってのんびり過ごす人たちを見ながら社会システムの談議に花が咲いた。敬子さんも私も、もう少し年を重ねたときにこのヨーロッパ縦断の思い出を互いにどのように語るのだろうか。

　鉄道に乗ってハノーファーへ戻った。


　翌日、ハノーファーを出発するときに半日ほどの余裕ができたのでブラブラ歩いていると教会が目の前に現れ、なにやら人だかりがしている。人だかりのほうへ近づくと、結婚式を終えたカップルが出てくるのを友人たちが待ち構えているところだった。

「なんだろう？」

　カップルが扉を開けて出てくると歓声が上がった。その後どうするのかと見ていると、用意された太い大きな丸太を新婚さん二人が一つのノコギリを使って切り出した。森の国ドイツらしいセレモニーだなあ、と思っていると別のカップルが出てきた。こちらのほうは、友人たちが用意したハートが描かれた大きな布を、一本の小さなハサミを使って二人で一生懸命に型通りに切り抜きはじめた。すぐ横では、それを囃し立てるように手回しオルガンのおじさんが楽しそうに音楽を奏でている。なかには郵便局員おぼしきカップルがいて、仲間がわざとパンクさせた配達用の自転車で登場し、式を挙げたばかりの二人に乗らせる姿もあった。

形式ばかりでない、本当に心のこもった和やかな祝福は、通りすがりの者も含め周囲の人々を穏やかな気持ちにしてくれる。さらに二～三組のカップルが親族や友人たちから祝福を受け、教会の周辺は「幸せ」で溢れていた。

スプリンゲ（Springe）に着いた。この町にある小さなユースホステルは、私が青年時代に初めてヨーロッパ旅行をしたときに一泊したところだ。このとき、ハノーファーからスプリンゲまで初めて徒歩旅行を試みた。本当はもう少し長く歩きたかったが、いかんせん初めての経験で、準備不足がたたって何と一日でストップ。原因は五万分の一の地図を用意していなかったことと、長距離を歩きつづけることが無理なぐらい重い荷物を背負っていたことである。ただ歩いていけば目的地に着くだろう……という考えは甘かった。あれから三〇年……再びスプリンゲの町を今度は夫婦二人で訪れることになった。

丸太を切る新婚カップル

3 ハーメルン(Hameln)〜デトモルト(Detmold)　(八月五日〜一五日)

ヴェーザー川沿いに点在する町並みを行く

『ハーメルンの笛ふき男』(1)で知られるハーメルンの町に着いた。ここからゴールのデトモルトまでは、直接行けば西へ五〇キロメートルほどである。だが、私たちは南のヘルマースハウゼン（Helmarshausen）まで一三六キロメートル下ってから、さらに北西へ九一キロメートル歩いてデトモルトへ行くというルートをとった。私たちの旅は、急ぐ旅でもなければ、がむしゃらにゴールを目指すというものではない。それに、このあたりのヴェーザー川沿いには一日で歩いていける所に道しるべのようにユースホステルが点在していて、歩く旅をするには絶好のルートになっている。ドイツでもっとも有名な観光街道である「ロマンチック街道」ほどではないが、このヴェーザー川沿いのルートも「メルヘン街道」と呼ばれて、最近は日本でも人気の高い街道になっている。

八月五日。メルヘン街道の一日目は、ハーメルンからラウエンシュタイン（Lauenstein）までの二五キロメートルを歩いた。暑い。太陽はどんどん大地を熱していくようだ。木陰に入るとどこからともなく涼しい風が吹いてきて、身体にたまった熱を連れ去ってくれる……まるでオアシスだ。

強い陽射しを避けて、森のほうへ森のほうへと逃げ込んでいくうちにうっかりルートの目印を見落としてしまった。さあ、どうしようか……とにかく歩くしかない。鬱蒼とした暗い森のなかをグルグルと回る羽目になり、なかなか予定のルートへ戻れずに時間だけが過ぎていった。ようやく、嫌っていた太陽の光が見えてきた。森を抜け、視界のきく場所へ出た。ここからは、少し遠回りで少し暑くても確実なルートで行くことにする。午後六時二〇分、ユースホステルには予定より遅れて到着したが、ギリギリで夕食にありつくことができてホッと胸をなで下ろした。

今日は日曜日だったので、途中で「あー、ビールが飲みたい！」と敬子さんと二人で炎天下に熱望してもカフェは休み。パン屋も、スーパーも、肉屋も、レストランも、みーんな休み。もちろん、自動販売機なんてあるはずもない。ランチパケットを頼んでおいたので昼食のパンは確保していたが、手持ちの飲料水は残り少ないジュースと昨日買っておいた缶ビールだけ。今日はそれらをチビリチビリと飲みながらの歩きだっただけに、「やっと食事らしい食事ができる！」という感激の夕食だった。そして、二人ともぐったりと疲れた日曜日だった。

---

(1) 一三世紀ごろの伝説で、風変わりな容貌をしたネズミ捕りの笛吹き男がハーメルンにやって来て、彼はいくばくかの報奨と引き換えに町中のネズミをすべて追い出すという約束を町民と交わす。男は笛を吹いて町中のネズミをおびき出し、ヴェーザー川へ誘導して一匹残らず溺死させて約束を果たすが、町民は何やかやと言い訳をして男に報奨をわたさなかった。その後、男は町を去ったが、再びハーメルンの町に現れたときは恐ろしい形相をしていた。そして、男が笛を吹き鳴らして町中を歩き出すと、今度はたくさんの子どもが家々から出てきた。その数、なんと一三〇人。笛を吹きながら、男は子どもたちをどこかへ連れ去ってしまったという伝説。この話をもとに、毎年五月中旬から九月中旬までの間、市民が町のなかで野外劇を行っている。

メルヘン街道

グリム兄弟の生誕地ハーナウ（Hanau）と『ブレーメンの音楽隊』で知られるブレーメンを南北に結ぶ650キロメートルの観光ルートで、豊かな森とヴェーザー川沿いの町をつないでいる。グリム童話が編纂されたのは19世紀の初頭。言語学者であったグリム兄弟は、子どもたちの言語的あるいは精神的教育に役立てようと、この地方に語り継がれている童話や民話の収集をはじめた。彼らの足跡と物語の舞台となった町や古城、神秘的な山などをめぐるルート。

メルヘン街道に沿って流れるヴェーザー川

ロマンティック街道

ドイツ中南部を縦断する観光ルート。ヴェルツブルク（Würzburg）からフュッセン（Füssen）の間にある、中世のたたずまいを残す26の町を結び、全長は350キロメートルである。街道の歴史は古く、紀元前のローマ時代にさかのぼる。ドイツの歴史文化や景観を知るのに最適なコースで、なかでも、街道の南端にあるノイシュヴァンシュタイン城が有名。現在の街道名は1950年につけられ、ロマンティックには古い時代に思いを寄せるという意味合いが込められている。

つづいて向かうところは、一八キロメートル先のヴェーザー川沿いの町ボーデンヴェルダー（Bodenwerder）。これまでは川を避けるように森の道を歩いてきたが、やっとヴェーザー川を間近に見ることができた。到着が早かったので荷物を宿に置いて対岸の町へ出掛けた。子どもたちは元気よく中心部の広場で遊んでいた。そこで、一体の彫刻を見つけた。彼の名前はバロン・ミュンヒハウゼン（Baron Müünch Hausen）。

「ミュンヒハウゼンって知ってる？」

「知らないわ。でも、この像はなんか見たことあるような気がするけど……わからないわ」

そのうち、敬子さんが何か思い出したらしく、

「あっ！　もしかして、これって『ほら吹き男爵』[2]のことじゃない？」とすっとんきょうな声を上げた。

町のなかをあてもなく歩き、ふいにみやげもの

ミュンヒ・ハウゼンの像

屋をのぞくと、店内はほら吹き男爵一色であった。各国語に翻訳された絵本もズラリと並び、そのなかには日本語訳のものも展示されていた。「バロン」というのは「男爵」という意味で、彼は実在の人物である。軍人として活躍して各地を旅したのだが、その旅先での体験を面白おかしく語り、ビールの酔いにまかせて時にはとんでもないつくり話も飛び出したという。「ほら吹き男爵」、その彼にぴったりの呼び名がつけられた。

ボーデンヴェルダーの次はジルバーボーン（Silberborn）。今回の旅での最長距離となる三四キロメートルを歩く。前日、ユースホステルの受付の男性に「明日はジルバーボーンまで歩くので早朝六時に出発したい」と告げると、「え？　本当に行くんですか？　四〇キロメートルぐらいはあるでしょう!?」と、驚きの表情を見せた。もちろん、もう少し近くにユースホステルがあれば私たちもこんな無理はしない。

翌朝、受付のベルを押し、昨日の男性を呼び出して玄関のドアを開けてもらうと、外の明るい光がいっぱいに差し込んできた。空気は澄み、目の前の道をどこまでも歩けそうな気持ちになった。

「じゃ、気をつけて行ってらっしゃい」という彼の明るい声に送られて私たちは出発した。

畑のなかの一本道、大した交通量もなくときどき車が走ってくる程度の道をのんびり歩いていると、救急車がサイレンを鳴らして私たちを追い抜いていった。何かあったのだろうか。少し行くとその救急車が停まっており、周囲は人だかりとなっている。見ると、乗用車が逆さまになって畑に転がっていた。こんな見通しのよい場所で、いったいどのようにしたら道から転落するのだろう。

本当に、歩いているといろんなことに出合う。さっきは車にはねられたネコが路上で死んでいたし、もし異国で交通事故に遭ったらなんて考えただけでもぞっとした。

ジルバーボーンからウスラー（Uslar）までの一八キロメートルを一日で歩き、そしてヴェーザー川を渡ってヘルマースハウゼン（**Helmarshausen**）までの二四キロメートルを歩いた。八

（2）一八世紀にドイツに実在したK・F・H・ミュンヒハウゼン（一七二〇～一七九七）という貴族を主人公にした冒険奇譚。狩や旅行、あるいはロシア軍に加わったときなどの経験を仲間に語るという内容。民間に流布していた断片的逸話類を収集しミュンヒハウゼンの名と結び付けたものがまず英語で出版されたが、ドイツの詩人G・A・ビュルガー（一七四七～一七九四）がさらに話を付け加えて一七八六年に刊行し、古典的名作となった。

POLIZAI
途中で救急車とパトカーが私達を追いこしていったら何と事故！

月も中旬を迎え、真夏の太陽がジリジリと照りつけることもなく、ここ数日は少しずつではあるが涼しくなってきた。ウスラーまでの途中、北海道の富良野や美瑛を彷彿させるような畑のパッチワークが私たちの目を楽しませた。

たどり着いたヘルマースハウゼンのユースホステルは森をバックにした立派な建物で、部屋からの眺めもすばらしい。ドイツのユースホステルでの食事はあまり野菜料理が出ないのだが、ここではたっぷりの生野菜サラダが食卓を飾って敬子さんも私も大喜びだった。

午後の八時すぎに地下のバーコーナーへ二人で行くと、ドイツ人家族が一組だけいた。カタコトの英語ではあったが、親しく話をして楽しいひとときを過ごした。

歩いていてよく見かけるのは、年配の夫婦が二人連れで歩いていたり自転車に乗っている姿である。日本ならば年配の女性連れをよく見かけるが、こちらでは老夫婦や子どもが独立して二人だけになったと思われるカップルが二人仲良くどこへ行くにも一緒という感じだ。夫婦かどうかは見た目にはわからないが、とにかく男女のカップルで行動する光景によく出会う。

こうして一緒に歩いている私と敬子さんの関係――わが家における夫婦の関係というのは、「主人」と「奥さん」ではなく、人生という長丁場を励ましあって刺激しあうパートナーである。二人は同志のようなもので、結婚以来、二人とも仕事をもちつづけており、財布も別となっている。二人が一つの船に乗り込んで、人生という大海を進むことを結婚とするのであれば、私たちは二人で別々の船に乗り、互いに自力で漕ぎつつ助け合いながら大海を進んでいることになる。つかず離れず、一定の距離を保ちながら……である。

ここ数日、暑さがぶり返して気温は三〇度を超している。プールはどこも満員だ。ちょうどビールを飲もうと入ったカフェがプールサイドを見下ろす場所にあったので、しばし泳ぐ人たちを見ながら休憩をした。大小の飛び込み台が設置されたプールでは、大人も子どもも次々に勢いよくプールに飛び込んでいた。


八月一五日、スタートから二一日目にしてゴールのデトモルトの町に入った。歩行距離は五〇〇キロメートルと長かったが、一日一日が充実していたのでそれほど大変だったという印象はない。ゴール地であるデトモルトの日本での知名度はどれくらいなのだろう。私にとっては、ドイツユースホステル協会の本部があるこの町は思い出深いだけでなく、意味のある場所でもある。仕事がら今までに何度かデトモルトを訪れているが、一番思い出深いのは、一三年前(一九八二年)に家族四人で初めてヨーロッパ旅行をしたときのことだ。六歳と五歳の小さな子どもを連れて、右も左もわからなくて必死になっていた敬子さんの姿を昨日のことのように思い出す。

七四〇年以上の歴史をもつデトモルトにはレジデンツ宮殿と大きな公園があり、旅行者の姿もチラホラと見かける。ここには国立の音楽大学があって、日本からの留学生も多いときには一〇〇人もいたそうだから、音楽を目指してヨーロッパ留学をする日本人の学生の多さにはびっくりするばかりである。

宮殿内見学をしたあとに近くのレストランに入って、二人で無事に歩き終えたことを祝って祝杯を上げていると、隣のテーブルから日本語が聞こえてきた。声の主は、デトモルト音楽大学に留学しているという二人の日本人であった。

「今度の日曜日に私たち日本人でオペラをやるんですが、お二人はいつまでデトモルトにいらっしゃるのですか?」

「あいにくと、明日出発してしまうのです」

残念ながら、彼女たちの晴れ舞台を観ることができずに名残り惜しかったが、来年はここデトモルトが出発地点。「また、やって来るよ」といって彼女らと別れた。

ドイツ編●パートⅢ

ライン川をめざし、
ドイツ中北部の田園と森をぬけて
コブレンツへ

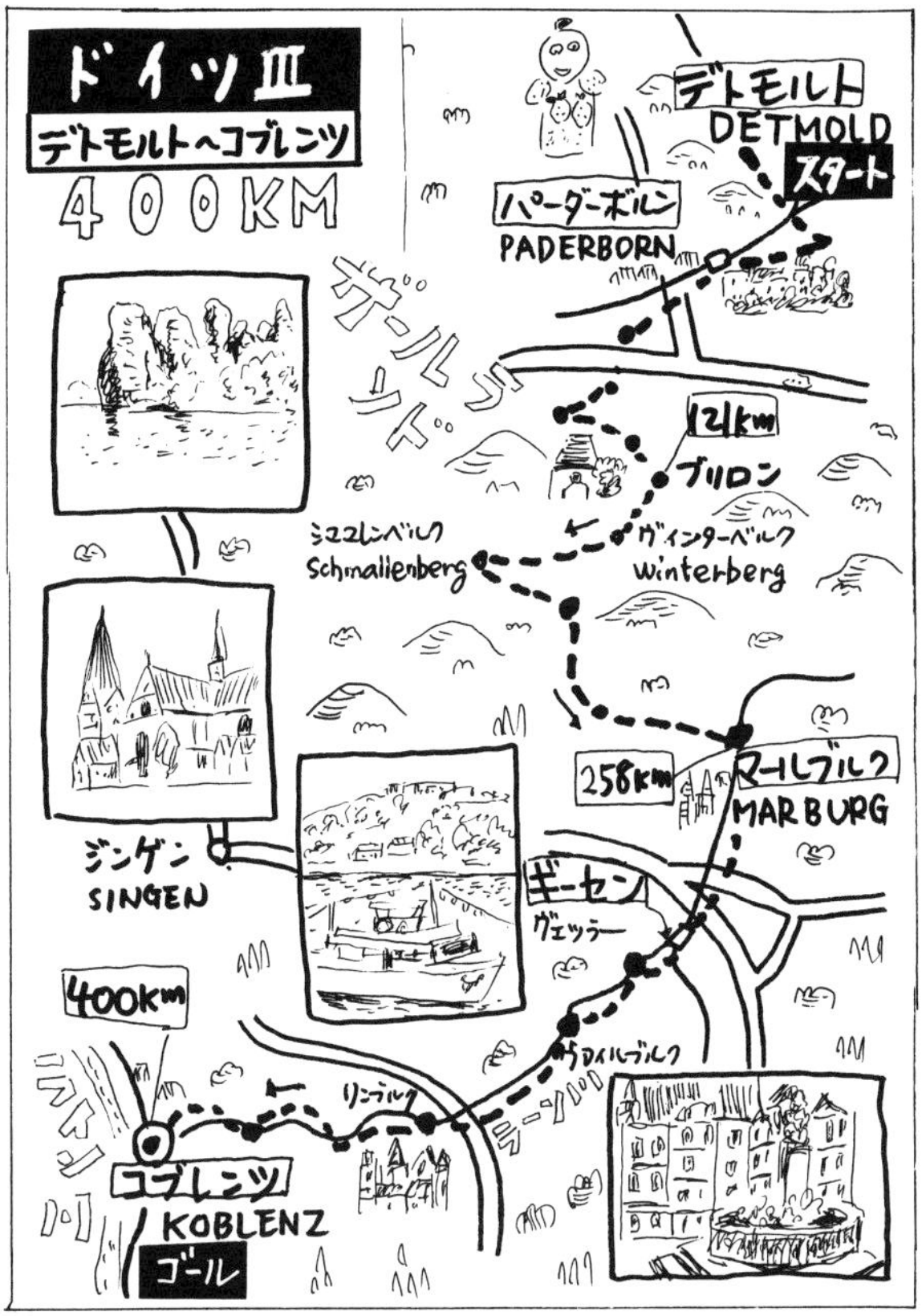

旅行期間：1996年7月25日～8月14日

歩行距離：デトモルト（Detmold）～
コブレンツ（Koblenz）
400キロメートル（通算1,900キロメートル）

ドイツ中北部のデトモルトを出発し、ライン川に面した町コブレンツまでの四〇〇キロメートルを歩く。大きなアップダウンもなく、田園と森のなかを進んでいくコースで、ドイツらしい田園風景が楽しめる。途中のヴィンダーベルク（Winterberg）にはスキー場があり、冬ともなるとスキー客でにぎわう場所である。そのあたりは標高七〇〇メートルくらいで、ここが今回のコースでもっとも標高が高いエリアだ。後半は、大学の町マールブルク（Marburg）からライン川の支流であるラーン川に沿って点在する町と古城をめぐって歩く。また今回は、古城のユースホステルへの宿泊も予定しているので、こちらも楽しみの一つである。

1 デトモルト（Detmold）～ブリロン（Brilon）（七月二五日～三一日）

家族の思い出の地を行く

フランスのパリ（Paris）から列車を乗り継いでデトモルトへ入る。喧騒と暑さのパリから解放され、ドイツの小さな都市に来て私たちはホッとした。町の背後に広がるトイトブルクの静かな森のなかを歩き出すと、やっと落ち着いてくる。やはり、私たちにはこれがあっているのかもしれない。この森は、北のオスナブルッケ（Osnabrueck）から弓状におよそ一〇〇キロメートルつづき、歩く人たちにとっては絶好のウォーキングエリアになっている。

歩き出してまもなく、まるで大地一面を紫色のじゅうたんで敷き詰めたような美しい風景が現れた。北海道は富良野のラヴェンダーの丘を思わせる感じだが、広さはその比ではない。土地の人に聞けば、一面を埋め尽くしている花は刈りとって畑の肥料にするという。

初日の歩く距離は一五キロメートルと短く、しかも森のなかの快適なルート。ここはまさに、歩く人にとっては天国のようなところだ。舗装道路を延々と歩くような旅とは天と地ほどの差がある。途中、ヘルマンデンクマル[1]（Hermans Denkmal）の像を通過し、森の道をしばらく行くと「エクステルシュタイン[2]」（Externstein）と呼ばれる大きな奇岩が現れた。このあたりの観光名所らしく、奇岩のてっぺんには小さな人の姿がいくつも見える。

背後はトイトブルクの森。周り一面には紫色の花が咲いている

（1）トイトブルクの森の戦いを記念する像。この戦いで、今日のヴェストファーレンおよびヘッセン地方の英雄ヘルマンがローマ帝国を撃破した。像は巨大で、途中までは階段で上っていくことができる。ここからの眺めはなかなかのもの。

（2）中世のころ、キリスト教徒の巡礼地になっていた場所として、巡礼者のために聖地エルサレムが再現されている。奇岩の入り口で入場料を払えば、奇岩の上部まで上ることができる。

この岩に出合うのは二度目。一度目は結婚してから一〇年目の、家族四人で初めてヨーロッパ旅行に行ったときだ。家族旅行といっても、実質的には翌年に予定していたヨーロッパ単独徒歩旅行の調査と準備も兼ねていた。この単独の旅は、それまで所属していた日本ユースホステル協会を離れてフリーで活動していこうと決意した、いわば新しい人生のスタートでもあった。その舞台を、パートナーの敬子さんと子どもたちにもぜひ見ておいてほしかったのだ。小学校へ入学したばかりの息子、保育園児の娘、今一緒に歩いて旅をしている敬子さん、三人ともこのときが初めての海外旅行だった。イギリスのロンドンからスタートし、イタリアのローマまで行き当たりばったりの宿泊予約いっさいなしの一ヵ月にわたる家族旅行である。私自身も、初めてのヨーロッパの旅から数えて一四年振りとなる二度目のヨーロッパ旅行だった。

「よくまあ、あのときは子どもたち二人も小さいのに歩いたわよね」と、敬子さんも一三年前を思い出したようだ。

道端で休憩をとる。ザックをドスンと置き、その上に腰を下ろすときにまさに「肩の荷を下ろした」ことを実感する。行動食のパンを二人で食べると、さあ出発だ。立ち上がり、ザックを持ち上げた瞬間、「あら！　やだわ！　犬のフンがついてる」という敬子さんの奇声が響きわたった。

翌日も一六キロメートルという楽な行程。午前中はゆっくりと歩くことにした。森のなかの湖畔を過ぎ、ジルバー川に沿って自然歩道を行く。小川のせせらぎや木々のざわめき、ときには鳥や虫の鳴き声をバックグラウンドミュージックにして歩けるとは恵まれた環境だ。

日本で見た何かのパンフレットに「ドイツは環境教育が優れているから、ぜひそれを見てくるとよい」と書かれていたが、二人で自然のなかを歩いていると「環境教育」という言葉自体が現実味のないものに感じられてくる。つまり、ここでは環境教育の必要性を感じないのだ。国そのものが環境に対して非常に敏感で、森を、自然を大切にすることが国民の間では当たり前のこととなっているのだ。「子どもに環境教育を！」と声高らかに言っているどこかの国と比べると、その差はとてつもなく大きく感じる。でも、やらないよりはいい。少しずつでも学んでいくことが重要だ。「ローマンホフ」という名のカフェでビールタイム。

デトモルトを歩き出して三日目でトイトブルクの森を抜け、パーダーボルン（Paderborn）という大きな町に到着する。この町には鉄道の駅もあるし高速道路も通っていて、このあたりの商業の中心地となっている。

パーダーボルンのユースホステルは、ドイツのユースホステルには珍しく町の中心部にあった。通常は町外れの森の近くにあることが多く、列車を利用した旅行者がユースホステルへ宿泊しようと思ったら、たいていは二～三キロメートルほど歩くことを覚悟しなければならない。

夕食後、ふらりと町へ出掛けると、大きなドーム（教会）近くの広場にたくさんの屋台が出ていてにぎわっていた。集まった町の人々は、グラスを片手に大きな声で談笑している。いったい何の祭りか見当もつかない……なぜかミニチュアのパリのエッフェル塔が広場の真ん中にどんと据え置かれていた。

混雑のなか、人をかき分けてやっとの思いで屋台村のベンチに座って二人でワインを飲む。ワイングラスはデポジット制で、最初にワイン一杯分と使用するグラスを支払い、飲み終えてグラスを返却するとそのグラス代が戻ってくるシステムだ。店の人がいちいちグラスを片付ける必要がない合理的なシステムだ。しかも、一般の店へ入って飲むより屋台で飲むほうが値段も格段に安い。

一夜明けて、早朝のドーム広場は昨夜と変わらず屋台が軒を連ねていた。時計、宝石、毛皮、帽子、フライパン、なべ、洋服、下着、香辛料……さながらバザーだ。夏祭りの真っ最中という雰囲気を横目にしながら町を抜け出していく。次の町ヴェヴェルスブルク（Wewelsburg）まではおよそ二〇キロメートル。

ヴェヴェルスブルクへ着いたのは午後四時。「burg（ブルク）」は城を意味するドイツ語で、地名にもし「○○burg」とあったらそれは城の町を表している。ヴェヴェルスブルクの城は、現在、博物館とユースホステルとして多くの青少年に利用されている[3]。ちなみに、世界最初のユースホステルはドイツ中北部の小さな町アルテナ（Altena）の古城であり、現在も利用されている。

パーダーボルンの屋台村

ヴェヴェルスブルクを出て、次の町まで森のなかを八キロメートルほど歩いた。森が八キロメートルもつづいているなんて！　静かな、誰もいない森の道を私たち二人だけで歩く。しばらくして パッと視界が開けて、目の前には畑が拡がった。トウモロコシ畑の緑色あり、麦畑の茶色あり、そのなかを所々赤いヒナゲシの花がアクセントになって咲いていて、そのさまざまな彩りが美しい。

途中、風車をいくつも見かけた。デンマークでは本格的に風力発電に取り組んでいたが、どうやらこの国も「風」という自然の力を活用しようとしているらしい。

ルーテン（Rüthen）の町へ到着すると、まっすぐユースホステルへ向かった。

ユースホステルになっている中世の城

（3）　アルテナはユースホステル運動発祥の地。一九〇九年のことで、現在古城はユースホステル博物館として中世の姿のままに残されていて、開所当時の二段ベッドや三段ベッドを見ることができる。現在のユースホステルは城の一角にあり、アールヌーヴォー様式の別館も増設されている。また、アルテナ城ユースホステルから二五キロメートルのところに二つのユースホステルがあるので、歩く旅の拠点として便利な宿泊施設でもある。

2 ブリロン(Brilon)～ギーセン(Giessen)　(八月一日～八日)

パン屋のマスターとの再会

八月一日、ブリロンの町には午後早い時間に入ったので、中心地のカフェで私はビールを飲みながら、敬子さんはアイスを食べながらしばしの休息をとった。今回の旅では、ビールとアイスが私たちには欠かせないものとなっていた。日本のビールほどキーンと冷えてはいないが、ドイツのビールは飲みやすいさわやかな喉ごしで、慣れてしまうと冷え冷えとしたビールでなくともたいして気にならなくなる。カフェで一服したあと、「フーフー」と言いながら苦手な坂道を上る敬子さんとやっとの思いで宿に着く。

このあたり一帯は、「ザワーランド（Sauerland）」と呼ばれるちょっとした高原地帯だ。標高が七〇〇～八〇〇メートルくらいとドイツにしては比較的高地であるため、冬には積雪も多くクロスカントリーも盛んらしい。所々にスキーの印の標識があり、どうやらコースになっているようだ。一二年前に行った単独ドイツ横断七〇〇キロメートル歩行のときのことを思い出す。

三月なのに雪が残っていた。道の真ん中をクロスカントリーの人たちが列をつくって通っていて、「クロスカントリーのコースを靴で歩くとは！　コースが滑りにくくなるじゃないか」と彼らに文句をいわれて仕方なく道の端を歩いた。以前宿泊したユースホステルに今回も泊まるつもりで予約をしておいたが、やっと着いたと思ったらその入り口には「このユースホステルは閉鎖しました」という張り紙があった。通りがかりの人に尋ねると、三キロメートルほど先の新しい場所に移転したという。気を取り直して歩き出す。

ヴィリンゲン（Willingen）からヴィンダーベルク（Winterberg）、そしてその先のシュマレンベルク（Schmallenberg）までは一二年前の単独ドイツ横断歩行と同じルートをとった。とはいえ一二年前のこと、そのうえ季節も違うので新しいコースを歩くのと同じようなものだ。

ヴィンダーベルクの町は、休暇を過ごす人たちであふれていた。しかし、リゾート客でごった返す町とは対照的に宿泊したユースホステルはガラーンとしていて、宿泊客は私たちともう一組のカップルだけだった。

シュマレンベルクは私にとっては思い出深い場

カリヨン
人形が出てきて
踊り出した
Brilonの町について、アイスを食べてたら、カリヨンが鳴り人形が出てきた

所だ。一二年前、この町に到着したとき、ユースホステルの受付時刻にはまだ早い時間だったので
カフェでひと休みをしていた。ビールを頼み、記録ノートに一日の出来事をつづり、いざレジで会
計を済ませようとするとマスターに呼び止められた。マスターはどこかに電話をかけはじめ、何や
ら私に向かって「電話に出ろ」と合図をしてくる。訳のわからぬままに電話口へ出ると、男が英語
で「今からそのカフェに行くので待っているように」というので仕方なく待ってみた。車でやって
来た電話の声の主によると、ここのカフェのマスターは外国から来た旅行者をよく自宅へ泊めるそ
うで、私にも「ぜひ泊まっていってほしい」ということだった。ユースホステルへ予約を入れてい
るわけでもないので、このとき私はこの申し出を受けた。

マスターの家は、カフェから二キロメートルほど離れた場所にあった。ここのカフェはパンも販
売しており、パンづくりで朝が早いために家で寝るのは休みの日だけで、普段は簡単な夕食を済ま
せたあと店に戻って寝ているという。マスターの家へ行き、二人で食事を済ませて家のなかの使い
方をひと通り説明すると、彼はさっさと店に戻ってしまった。

あれから一二年……マスターにまた訪れる旨を伝えるハガキは送っておいた。

そんな話を敬子さんにしながら歩いていると、シュマレンベルクの町が見えてきた。パン屋のカ
フェはすぐに見つかったが、店のなかにいるはずの彼がいなかった。何かあったのだろうか。聞け
ば、一キロメートルほど離れた場所にもう一軒店を構えて、今はそこにいるとのことだった。教え
られた通りに行くと広場に面してカフェがあり、そこには懐かしいマスターの姿があった。二人で

強い抱擁をして互いに再会を喜んだ。空白の一二年の歳月などまったく感じられず、ただただ嬉しかった。カフェに入ると、ケーキ、コーヒー、チーズのついたパン、チョコレートなどが次々とテーブルに並び、再会を祝してのティーパーティのはじまり。ひたすら「ダンケ・シェーン（ありがとう）」の連発だった。

デトモルトを出発して一二日目で、グリム兄弟も学んだという古くからの大学町マールブルクへ到着した。ライン川の支流であるラーン川沿いの城のある町で、中心地には聖エリザベト教会の尖塔がそびえ立っている。古い建物が集まる旧市街地は高台にあり、その象徴として一番高いところに堂々と城が立っている。城は一三～一六世紀にかけて建造された建物で、現在、内部は博物館として使用されている。城のテラスからの眺めはすばらしく、旧市街の町並みとラーン川が一望できた。マルクト広場に面した場所には古い建物が集中していて、ここにある市庁舎は一六世紀に建てられた格調高き建物である。旧市街へ向けて坂道を少しずつ上るにしたがって、町の全貌が浮かび上がってきた。

12年ぶりに再会したパン屋の親父

マールブルクでは三泊する。マールブルク滞在の初日は休養日。午前中はユースホステルで、大きな衣類を洗濯したり手紙を書いたりしてのんびりと過ごした。宿で昼食をとると午後からは別行動とし、敬子さんはいつものようにスケッチブックを片手に町なかへ繰り出し、私はお気に入りの地図を求めるために本屋へと向かった。いつもそうだが、休養した次の日は気分転換もできて心身ともに軽くなっている。そして、翌日は晴れ晴れとした気持ちで朝を迎えることができる。

マールブルクでの三泊を終えると、次なる目的地をめざしてギーセン駅まで列車で移動する。今日もまた、歩きは休みの日だ。さて、ワンデイトリップはどこへ行こうかと二人で地図を広げると、ほどなくブッツバッハ（Butzbach）

歩く人に親切な地図

私たちがドイツを歩くときに使っているのが、5万分の1の縮尺の「Topographysche karte」だ。この地図には地域ごとに地図番号がついており、しかも折り畳んで売られているので目的地を探すにはとても便利だ。また、ドイツの地図のよい点は、歩くコースやレストラン、宿泊施設などの情報がわかりやすく書き込まれているところだ（地域によっては、こうした情報が書き込まれていない）。紙質は、かなり丈夫で雨にも強い。これは、歩いて旅をする人のことをとくに配慮したものと考えられる。もちろん、日本のものより値段は高いが、歩く距離が長くなるほど地図の重要性は増すので、ほかの費用は削っても地図代を削ることはできない。

最近はコンビニのカラーコピーが安くなったので、必要な部分だけをコピーして旅に持参する場合も多くなった。荷物の軽量化もでき、携行にも便利、そして紛失しても原本は残るという安心感もある。

駅から東へ約八キロメートル、X3の歩くコースも伸びるミュンツェンベルク（Münzenberg）という地名が目に止まった。そこには、城跡のマークとワインのマークが見える。ここにしよう！

ガイドブックの類は必要な箇所しかコピーして持ち歩かないので、頼りは地図となる。地図とともに歩きの旅を続けていくと、自分でも気づかぬうちに地図を読みとる力がついていき、不思議と地図を見ただけでその町が自分の頭のなかで立体的に浮かび上がってくるのだ。もちろん、的外れのこともあるが……。でも、そこが旅の醍醐味である。マニュアル通りにいかないアドリブ多き旅、これがまた楽しい。

3 ギーセン（Giessen）～コブレンツ（Koblenz）（八月一〇日～一四日）

宝石のような古城が点在する道

ライン川に注ぐ川としては、モーゼルワインでその名を知られるモーゼル川、古くからの大学町として名高いハイデルベルク（Heidelberg）を流れるネッカー川、国際空港のある商業都市であるフランクフルト（Frankfurt）を流れるマイン川などがよく知られているが、これから私たちが歩くのはラーン川沿いの道である。源流はジーゲン（Siegen）の東あたりから東に流れてマールブルクへ入り、そこから南へ流れてギーセンへ行き、そして西へ流れを変えてコブレンツの南でライン川に出合う。ラーン川沿いには町も多く、一帯には宝石を散りばめたように古城が静かなたたずまいで点在している。ライン川のように大型の遊覧船でワイングラスを傾けながら古城見学というわけにはいかないが、静かに風景を楽しみたい方にはおすすめのコースである。それに、川沿いのルートは道標がしっかりと完備されているので快適な歩きとなる。

後半の歩きは、このラーン川沿いにギーセンからコブレンツまでのおよそ一二〇キロメートルだ。まずは、ギーセンから一九キロメートル離れた町ヴェッツラー（Wetzlar）まで歩いた。

この町には、文豪ゲーテの恋人だったロッテの生家がある。一七七二年、ゲーテは二三歳のときにこの町を訪れて数ヵ月滞在し、若き女性ロッテと恋に落ちたのだが、そのときの体験をもとに書かれたのが『若きウェルテルの悩み』である。恋人ロッテの生家は、現在、博物館「ロッテハウス」として公開されていて、そこには二人の肖像画やゆかりの品々が展示されている。ヴェッツラーへは、コブレンツから列車ならば二時間で行くこともできる。

「ヴァイルブルク（Weilburg）へ行くなら、ヴァンダーヴェーグ（Wander weg／歩く道）で行くといいですよ」

出掛けに、宿泊したヴェッツラーのユースホステルの人に呼び止められた。しかも、この建物の裏のほうから道が延びているという。コースの道標は黒い▲マーク。曲がり角には必ずくっきりと表示があるので、ほとんど地図は不用である。大きな森のなかの一本道で、上ったり下ったり、丘の上の見晴しのよい場所に出たかと思うと鬱蒼とした森のなかへ入ったりの連続である。昨晩は雷雨でかなりの降水量があったらしく、ぬかるんだところが多い。よく見ると、嬉しいのだろう、ナメクジやカタツムリが道にたくさん出てきている。ゆっくりゆっくりと自分の足だけで大地を進む私たちは、まるでこのカタツムリのようなものだ。

大きな森を抜けると、ブラウンフェルズ（Braunfels）という町に出た。ガイドブックでその地名を見ることがないので単なる通過点の町と思いきや、中世の古城の残る町で観光客の姿も結構見られた。ホテル、レストラン、みやげもの屋も軒を並べている。

私たちは、城の存在よりも古い木の骨組みの建物に囲まれている中心地の広場の雰囲気が気に入った。そして、「そうか、ここはドイツの隠れた観光地なんだ」と勝手に決めつけ、二人でその発

古城の町ブラウンフェルズ

見を喜んだ。さしずめ日本でいうならば、外国から来た旅行者が木曽路の古い宿場町である奈良井宿や北国街道の宿を見つけたときのような嬉しさである。わざわざそこをめざして歩いたのではなく、たまたま歩いていたら遭遇してしまったという感じだが、こちらのほうが印象は深い。

翌日、起きると窓の外は雨。朝から雨というのは、今年のドイツの旅では初めてのことだ。どうやら、今日一日は雨の覚悟をしたほうがよさそうだ。今まではラーン川沿いにゆっくりと歩を進めていたが、これからは川を少し離れてジグザグの上りがつづく。たいした距離ではないのだが、坂道になると相棒の敬子さんは極端にスローペースになる。

私は丘を上り切ったところで待っているつもりで、彼女のことを気にかけずに歩いた。振り返るたびに敬子さんの姿が小さくなっていくのがわかっても、変わらずマイペースで歩いた。丘の上で待っていれば大丈夫、彼女は必ずやって来ると思いながら歩きつづけたが、突然、彼女の姿が私の視界から消えた。雨は相変わらず止みそうにない。丘の上に着いた私はザックを下ろして敬子さんが来るのをひたすら待つが、なかなか彼女が現れない。

「途中でトイレ休憩でもしているのだろうか?」

それにしては時間がかかりすぎている。何だか変だ……少し戻ってみようか……いやもう少し待ってみよう。もしかして、ルートを間違えてしまったのだろうか。確かに途中に分岐点はいくつかあったが、歩くコースのLマークさえ見落とさなければ道に迷うはずはない。待てよ、一ヵ所だけ、うっかりすると間違えやすい場所があったぞ。あそこで間違えたのだろうか。

雨のなか、ザックに腰を下ろして考えをめぐらせていると、ようやく下のほうから敬子さんの姿が現れた。よかった！　こんなとき、「遅かったけど、どうしたの？」とは絶対に聞かない。黙ってザックを背負って、何事もなかったかのように歩きだす。

ナッサウ（Nassau）駅まで歩き、宿泊地であるバート・エムス（Bad Ems）までは列車で移動する予定にしていたので、列車の出発時刻に遅れるわけにはいかない。というのも、ローカル線だから一本乗り遅れたらあとの予定は総崩れとなり、ユースホステルでの夕食がおあずけとなりかねないのだ。私たちの行く先々は小さな町が多いので、レストランやカフェテリアが必ずあるとはかぎらないのだ。

敬子さんの遅れがロスタイムとなり、時間に余裕がなくなってきた。駅が間近となり、さらに目の前に延びる道は下り坂とあって、二人は走る、走る……転がり落ちるように走った。こういうときは、足が痛いの、荷物が重いのという感覚はどこかに吹っ飛んでしまっている。着いてみれば、発車時刻の一〇分前……。

列車の座席に座ってやっと安堵できた。列車が動き出すと、敬子さんはポツポツと遅れた理由を話しはじめた。

「坂道になるとぐっとペースダウンするのは自分でわかっているけど、マイペースで行くしかなくて。正昭さんはさっさと行って私はおいてきぼりになるし、ルンケル（Runkel）の町を過ぎたころからキツイ上りになるし……トイレ休憩をしていたらずっと離れてしまったの」

彼女が話すのを、私は黙って「うん、うん」と聞く。こういうことは、相手が話し出してきたときに耳を傾けるものだ。

「フードを被っていたから視界が狭くなってうっかりLマークを見逃したみたいで……いつまでたっても追いつかないし……マークは出てこないし……」

やっぱり思った通りだ。

「間違いに気づいたところで引き返して、やっとの思いでLマークを見つけて、坂道を上り切ったところでやっと出会えた」

もし、私に出会えなかったら、ナッサウ駅から一人で列車に乗って宿に向かえばいいと考えていたという。

二人の旅では私がコースリーダーなので、当然、ルートマップを私が持ち歩いているが、同じ地図をコピーして敬子さんにも渡している。長い距離

を歩くときは、たとえ自分がコースリーダーでなくともルートマップは持っていたいし、いつも目を通していたい。そんなことにはなって欲しくはないが、万が一別々に離れてしまった場合、各自がルートマップさえ持っていればお互いに自力で進むことができる。夫婦で旅をする場合、この「自力」をつい忘れて、どちらか一人がナビゲーターでもう一人は同伴するだけとなりやすいので注意が必要である。そしてもう一つ、もし一人が地図を紛失した場合でも相棒の地図を使えばよいわけだから、これまた安心である。歩く旅版のリスクヘッジなのだ。

明日は、いよいよ最終日である。

最終日の八月一四日。ゴールのコブレンツまではバート・エムスから二〇キロメートルもないので、今日の歩きはゆっくりしたペースで午後からはじめた。地図を見ると、コブレンツへは午後七時に着く計算になるが、ユースホステルの受付開始時刻の五時までには現地へ着きたい。これから歩くLコースはずいぶんとくねくね曲がった道だから、別のコースをとれば近道になるはずだ。コブレンツまで続く大きな道路が地図に記されていたので、その道を行くことにした。

しばらくすると広い道へ出たが、何か変だ。土は土でも歩く道とはちょっと違って、やけに足の裏にズンとくる固い道なのだ。そして、道路上には戦車らしきものの轍《わだち》がある。そうしたら、軍隊の人たちを乗せた頑丈な車輌が私たちの横を走り去っていった。ここは軍用道路だったのか⁉

どうやら、私たちは軍の演習場へ迷いこんだらしい。遠くから銃を打ち合う音も聞こえてくる。「こんなところ、一刻も早く出なければ！」と思っても、演習中らしき若い男性に「出口はどこか？」と尋ねても、まったくの知らん顔。地元の人だろうか、犬を連れて散歩している老人に出口とコブレンツの方角を教えてもらい、この忌まわしい場所からようやく脱出できた。

仕方なく、本来の歩く道へ戻ることにした。もう、おとなしくこの道をひたすら標識に沿って歩こう。演習地なら、囲いでもして簡単に入れないようにしてくれればいいものを……。あっ、そういえば、広い道路へ向かう途中にドイツ語で書かれた注意書きの看板があった。しかし、普通、地図には演習地を赤い斜線で囲って立ち入り禁止を表しているのに、そのとき持っていた私の地図にはそれがなかった。

しかし、後日、購入した最新版の地図にはきちんとその場所に赤い斜線が引いてあったのでご安心を。ドイツ語で「Standort」、それは「演習地」という意味なのでくれぐれもご用心を。

演習地の中で出会った兵士たち

前方の高台に、これまで何度も目にしてきた「古城」が再び見えた。今年の旅の最終地点の宿泊所、コブレンツのユースホステルがその城である。ライン川を見下ろす岩山の頂きにあり、元は城塞である。最初のヨーロッパ旅行のときに宿泊したことをつい思い出す。大規模なユースホステルで、ライン川のそばに立っているからだろうか、宿泊客は国際色が豊かだ。今まであまり出会えなかった韓国や台湾、香港といったアジア人の姿も多く見られた。

案内された部屋はトイレ・シャワー付きでベッドが四つあった。このスペースを二人で利用してよいとのこと。靴を脱ぎ、長かった歩きからの解放感に浸る。

館内は白壁のドーム型で、城塞の面影を感じる。食堂へ行くと、私たちの旅の終了を祝福してくれるかのごとく、ライン川の眺めが美しい窓際の席が用意されていた。小さな窓越しに見えるライン川は、豊かに水をたたえて静かに流れていた。高台にあるため、眼下の夜景がひときわ美しい。これまで数多くのユースホステルに泊まってきたが、席がリザーブされているところは数えるほどしかなかった。テーブルをはさみ、二人で向き合って旅の成功を祝った。

夕食を済ませて、いい気分で夜の散歩へ出る。遠くに、ライン川とモーゼル川がぶつかる三角地である、ドイチェス・エック[4]（Deutsces Eck）が見える。散歩から帰ってホステルの地下のバーコ

(4)　ドイツ語で「ドイツの角」という意味。ライン川とモーゼル川が合流する三角州の突端で、三角形の岬には広場があり、プロイセン王でのちに初代ドイツ皇帝のヴィルヘルム一世の騎馬像が立っている。一八九七年に建造された騎馬像は第二次世界大戦中に破壊され、現在の像は、一九五三年にドイツ統一を願ったときの大統領によって再建されたもの。

ーナーで、本場のモーゼルワインを楽しんだ。といっても、私たちはワイン通ではない。甘口から辛口、いやもっと細かく分類された種類のなかから、給仕にすすめられるままに飲んだワインは甘く口のなかに広がった。

ぶどう畑のモーゼル川から、二つの高原の森をぬける

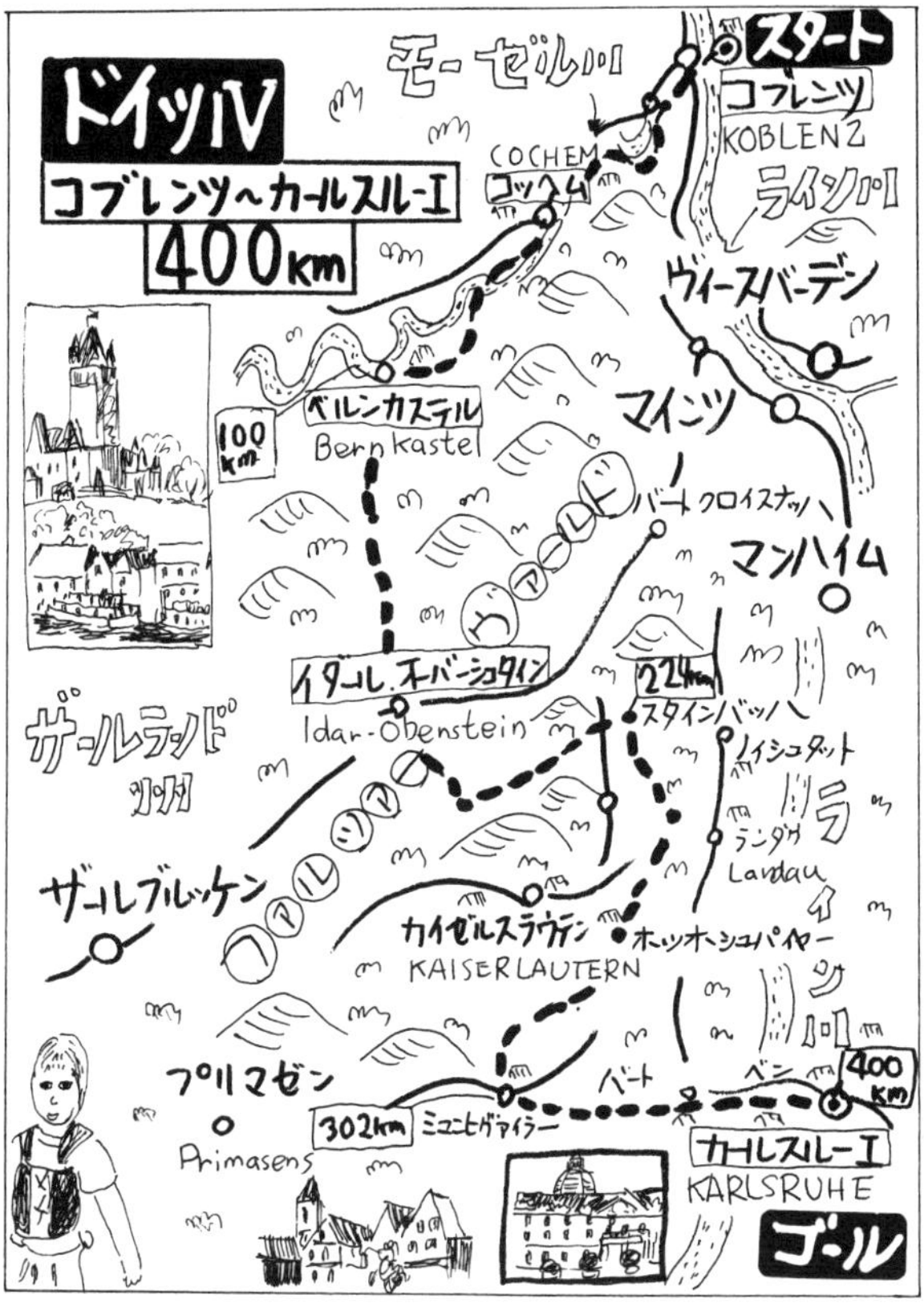

旅行期間：1997年 7 月23日～ 8 月 7 日

歩行距離：コブレンツ（Koblenz）～
カールスルーエ（Karlsruhe）
400キロメートル（通算2, 300キロメートル）

名も知らぬ町がつづくコースを歩くときは、新しい発見もあるし、未知の世界へ足を踏み入れるような新鮮な気持ちと期待で心がいっぱいになる。ライン川最大の支流であるモーゼル川から二つの大きな高原の森を抜けて再びライン川へ戻るという今回の道程上には、耳にすることが初めての名前の町がつづく。大きな都市と呼べるのは、ライン川の西域ザールブルッケン州の州都であるザールブルッケン（Saarbrücken）、そしてドイツ最古の都市であるトリーア（Trier）の二つぐらいだ。

私たちが、そんな名もない小さな町を連続して訪ね歩けるのは、ひとえにユースホステルのおかげである。ライン川西域には、四〇ヵ所近くのユースホステルがあるのだから驚く。さすがはユースホステル発祥の国である。徒歩による移動が可能な場所にどれだけユースホステルがネットワークされているか、このことが、その国のユースホステル運動における発展のバロメーターとなる。

1 コブレンツ(Koblenz)〜ベルンカステル(Bernkastel)　(七月二三日〜二七日)

モーゼル川沿いを行く

今回のスタート地点であるコブレンツへは、ビンゲン（Bingen）からライン下りの船に乗って向かった。乗船し、席に座ると周囲にはドイツ人少年の集団がいて、彼らに目をやると、どの少年の手にも日本で大人気のゲーム「タマゴッチ」があった。そして、少し行くと左手に見慣れた城が現れた。

「あの城を見てごらん。あの建物はバッハラッハ（Bacharach）のユースホステルになっていて、私も泊まったことがあるんだ」と、敬子さんに説明した。

ドイツでは、古城をユースホステルとして利用しているところも少なくない。バッハラッハの古城ユースホステルは高台にあるので、テラスからのライン川の眺めが本当にすばらしい。さまざまな国の旗をつけた船が往来する様子を眺めているだけで、いつしか時間が経ってしまうほどだ。今度泊まれるのはいつの日になることだろうか……。


コブレンツで下船すると、いよいよモーゼル川に沿っての歩行のはじまりである。モーゼル川は澄んだ深い青色だった。なみなみと水をたたえて、堂々とした流れである。土色をした大河のライン川とはまったく違う。このことを確かめるにはコブレンツの城塞へ上ればよい。そこから見下ろすと、いかに二つの川の色が違うかがよくわかる。

モーゼル川はコブレンツからトリーアへ向かって蛇行して流れ、両岸にはぶどう畑がつづいている。ライン川ほどではないが、いくつかの古城も見られる。川沿いにはMマークの歩くコースがあり、ぶどう畑のなかを進んでいく風光明媚なコースとなっている。休憩用のベンチや解説板が設置されており、ワインの散歩道という感じでのんびりと散策ができる。

KOBLENZ (コブレンツ) ライン川とモーゼル川が 出会う地点

モーゼル川の両岸はびっしりのぶどう畑

七月二五日、コッヘム（Cochem）へ向かう途中、ブルゲン（Burgen）で行動食用のパンとサラミを調達する。ここから対岸まで渡し舟に乗って、周辺一帯のなかでは一番大きいといわれているエルツ城を見学する。ブルゲンの渡し場に着いたが、それらしき雰囲気はあるのだが舟が見あたらない。私たちの地図にはしっかりと記されているのに……。

「向こう側へ渡りたいのですが、渡しはあるんですか？」

仕方なく、近所に住む初老の男性に尋ねてみると、「ああ、渡しですか。二年ほど前まではあったんですけどね。今では廃止されていますよ」という返事だった。がっかりだ……。昨年の演習地のこともあり、地図は頼りになるが絶対ではないと痛感する。

二人でベンチに腰を下ろして地図を眺めていると、先ほどの男性が車でやって来て、「エルツ城まで送るから乗りなさい」とすすめてくれ、ありがたくその申し出を受ける。

「さあ、ここから上がりなさい。最初は上りで、そのあとは畑と森のなかの道を行けばエルツ城に着きますから」

エルツ城の上り口で別れを告げる。見知らぬ異国の土地で出合う親切は心にしみわたる。旅というのは、たとえそれが一人であっても決して孤独なものではない。

翌日。コッヘムからの鉄道路線は大きく蛇行するモーゼル川に沿って大回りに延びているが、歩く道のMコースはまっすぐに進んでいくので距離的にはかなりの短縮となる。しかし、その分、多少のアップダウンを覚悟しなければならない。一〇キログラム以上のザックを背負って歩くのだから、上り道となると同行の敬子さんはどうしても遅れ気味になる。

「私、来年からは絶対にザックをもっと小さいのにしよう」

私から見れば気にも止めないような上り道でも、彼女にしてみればかなり大変らしい。

歩いていると、軽装で手ぶらの夫婦連れに出会った。大きなザックを背負って夏の暑いさなかにフーフーいいながら歩いている私たちとは対照的だ。しばらく進んでベンチで休憩をとっていると、先ほどのカップルの奥さんのほうが「列車でコッヘムへ戻りたい」と尋ねてきたので、「Mというマークを見落とさないように行けば大丈夫ですよ」と、地図を指差しながら答える。

「旅先で何回か道を聞かれたり、場所を聞かれたりするけれど、この国の人たちはあまり外国人を区別しないのかしら。もし、私たちが日本で道がわからなくなったからといって、すれ違った外国人に道を聞くかしら?」という敬子さんの疑問……もっともだ。

エルツ城の入り口

Mコースをはずれ、川沿いのサイクリングロードを行くことにする。整備されていて快適に走れるこの道は、サイクリストには垂涎《すいぜん》の的だ。何組もの自転車隊に追い越されたが、夫婦連れ、家族連れ、老若男女を問わず、本当に多くの人が走っている。自分用の自転車で走行すれば一人前のサイクリスト、とでも主張するように小さな子どもでも格好だけはバッチリに決まっている。

翌日の午前中は、トラーベン（**Traben**）、トラバッハ（**Trarbach**）の二つの町をぶらつき、スケッチを描くことにした。モーゼル川の左岸がトラーベン、右岸がトラバッハで、両町ともにワイン取引場として栄えた歴史がある。旧市街地にある鉄道のクラシカルな駅舎が気に入って、一枚スケッチ。

ドイツでは、どこへ行っても古い町並みを残す旧市街地があるように思う。そんな昔ながらの時間の積み重ねが感じられるところに私は惹きつけられる。スケッチをしていると、歩いているだけでは見えない町の表情が読みとれてくる。

何やらにぎやかな音が聞こえてきた。そして、だんだんとその音が大きくなってきた。スケッチの道具を大慌てで片付けて、二人で子どものように音のするほうへ走っていった。

「あ、パレードだ。かわいいね！」

クラシカルな駅舎

少女が民族衣装を身に着けて練り歩いている。その後ろには馬車に乗った人々、そして楽隊がそれにつづいている。私たちも行列についていく。町なかを一周して、連れていかれたのは大きなテントのなかだった。

そこにはたくさんのテーブルとイス、そしてワインの瓶が並んでいた。町の商業組合主催のワイン祭りらしい。手にはワイングラス、頭には王冠を被った、通称ワインの女王が長々と挨拶をつづける間に、敬子さんと良質なモーゼルワインを味わう。ベルンカステルまでの山越えはほろ酔い気分で……。

上り下りをしばらくつづけ、森を抜けると急にぶどう畑とモーゼル川が目に飛び込んできた。そして、そのぶどう畑の一角には古い市街地が見えてきた。ベルンカステルはすぐそこだ！ ベルンカステルはドイツで人気の保養地らしく、休暇を楽しむ人々が周辺の森を散策する姿が多く見られた。「森の民」といわれるドイツの人は、常に森を身近に感じ、森とともに生きているのだろう。

私たちが泊まるユースホステルは城跡のすぐ近くの高台にあった。城跡には展望台があり、ここからはモーゼル川を挟んで、西側にぶどう畑が広がっている様子が見渡せた。そして、ここにもたくさんの自転車ツーリングの人たちが宿泊していた。

このあたり一帯は良質な白ワインであるモーゼルワインの中心地であるからだろうか、宿泊したユースホステルには珍しくアルコール飲料が売られていた。二人で、あまり冷たくないビールを飲んでゆっくりりする。先にも述べたように、ドイツでの旅行中、冷蔵庫でキンキンに冷やさずに常温でビールを飲むことが多い。気にはならないが、ときどき日本で飲む冷えたビールのコクとキレが恋しくなる。

2 ベルンカステル(Bernkastel)〜スタインバッハ(Steinbach)（七月二九日〜八月二日）

のどかな田園風景のなかを歩き、宝石街道の町へ

今日でモーゼル川とはお別れ。これからは険しい山もなく、田園地帯や高原の森のなかを歩く。一歩一歩、一日一日進んでいけば必ずゴールにたどり着く。

歩き出して最初に現れた町、モンツェルフェルド（Monzelfeld）で本日の行動食の買いだしをする。パン屋、肉屋、八百屋と回って食材の調達が終了。

森を抜けると、宿泊地モアバッハ（Morbach）へ到着。ユースホステルには、私たちのほかに山歩きスタイルの中高年のグループが大型バスで大挙をなしてやって来ていた。そのバスにはユースホステルマークが記されていたので、協会主催のワンデリングの行事だろう。町はずれの住宅街にあるこのユースホステルは、フンスルック（Hunsruck）の森の散策コースの入り口そばという場所にあるため、森歩きが好きな人にとっては絶好の宿泊所である。夕食後、散歩がてらに町まで出掛けた。

モアバッハはまさに夏祭り。広場では子どもや若者は歓声を上げ、生バンドの音楽がガンガン鳴り響いていた。大きなテントでは飲み物が販売され、飴やチョコレート、サンドイッチにワッフルなどの菓子の屋台も所狭しと並んでいる。有料の仮設遊具に行列する子どもたちの表情、風船割に興じる子どもの様子を見ると、夢中になって楽しむ「遊び」の感覚というのは万国共通なのだなとつくづく思う。若者もビールを飲みながら、大きな切り株に細い金槌で釘をいかに早く打ちこむかという、ごく単純なゲームを楽しんでいた。

モアバッハからの歩くルートはX3。上り坂がつづくが、それほど急ではない。道も林道なのでしっかりとして歩きやすい。前方から馬に切りだした材木を引かせた人がやって来た。なんだか、タイム・スリップをしたような気分になる。まぁ、

材木をひく馬

イダール・オーバーシュタイン

宝石工場のある村や里をつないで走る高原のなかの観光ルート「宝石街道」の中心地。ライン川支流のナーエ川のほとりにあり、フンスリュック山地に囲まれた小さな町。ヨーロッパ最大の色石の集散地であり研磨地。

ジュエリーの完成品をつくるメーカーや職人はこの町にはほとんどおらず、いわば裸の宝石を扱う町で、ジュエリーとして完成させる作業はヨーロッパ各地に分散されている。岩のなかに建てられたフェルゼン（岩壁）教会や見学可能なシュタインカウレンベルク宝石鉱、宝石細工工場など、小さな町ながら見どころはたくさんある。また、小さい規模ながらも、少し甘口でフルーティーで良質な（ナーエ）ワインを生産している。

排気ガスも出さずに二酸化炭素削減に貢献しているその姿は、一周どころか何周も遅れたトップランナー。

標高七〇〇メートル、今日のコースの最高地点をやっと通過する。フンスルックの森を抜けて、コースは平坦な道に変わった。ダイヤモンドらしき絵柄の標識が現れた。「Deutsche Edelsteinstraße」とある。日本語でいうと「宝石街道」だ。この先のイダール＝オーバーシュタイン（Idar-Oberstein）がこの街道の中心地である。この町を有名にしているのは宝石のカットと研磨の技術で、日本からも、技術を身につけるために多くの人たちがこの町の専門学校に勉強に来ているらしい。

私たちは、この案内所で次のラウターエッケン（Lauterecken）から戻るバスの時刻を調べてもらった。バスの本数は少なく、時間も季節によって変わることが多いので、事前に手に入れることができたことを喜んだ。

連泊なので、翌日は大きい荷物は宿へ置いてデイパック一つで出掛ける。ナーエ川沿いにラウターエッケンまで、森と畑と農場の広々とした風景のなかを三〇キロメートル歩いた。

「あーこの景色、胸がスーッとする。嫌なことなんかみんなすっ飛んでいっちゃう。ああでもない、こうでもないと考えこむのがくだらなく思えちゃう」という敬子さん、ごもっともです。

夕食はチャイナレストランで炒飯と中華スープ。メニューの漢字がなんとわかりやすいことか。

食後、宿泊地にはバスで戻った。

ラウターエッケンまでの道もよかったが、先のボルフシュタイン（Wolfstein）までの道も見事なパノラマがつづき、鼻歌でも歌いながら歩きたくなるようなコースだった。道標が要所要所にきちんとつけられているので安心して歩けるし、距離も一〇キロメートル程度なので、初心者のワンデイウォークには最適なコースだ。

ボルフシュタインのカフェで一服する。敬子さんは外へ出てこのカフェの外観をスケッチし、私は今日歩いたコースの地図を描く。何につけ、素材はイキのよいうちに処理するのが一番だ。

八月三日、午前七時。朝からシトシト雨という天気。出発から雨具姿の二人。「あーあ、ツイてないわ」という敬子さんのぼやき声。昼食のパンを購入して、本日の行程スタート。

コースは道標のあるところを選んで組み立てているが、ときには道標のないルートを選んで自分で設定する場合もある。そのときにどのようなコース設定をするかによって、旅する人それぞれの好みや性格がよく現れる。ボルフシュタインからヴァインヴァイラー（Winnwiler）までの二五キロメートルの一部は、そんなノーマーキングコースである。

最初のうちは、うまい具合に車道を歩かずに森のなかを近道できた。調子は上々……。よせばいいのに調子に乗ってさらに近道を敢行する。車道を進んでもそれほどまわり道でもないのだが、歩く道にこだわる自分としてはあえて森のなかを行くことにした。方角的には車道と同じ方向へ進んでいるのがわかるので、いい感じだった。しかし、目の前の道は、その車道とはまったく異なる方向へ私たちを導いた。そして、案の定行き止まり。仕方がないので、ヴァインヴァイラーの方角、つまり東に進もうと方位磁石で確認して進んでいった。

林のなかへ入ったとたんツルッと滑って転んでしまい、やぶのトゲで短パンから出ていた素足を思い切りひっかいてしまった。それでもめげずに進み、再び方位を確認しようとしたが、どこを探しても方位磁石が出てこない。さっき転んだときに落としたのだろう。幸い、敬子さんも方位磁石を持っていたのでそれを使って方向を確認した。林のなかだからまだいいが、山などの場合はほんの少しの準備や装備のミスが運命を分けてしまうので要注意である。

やぶだらけの道をかきわけて進んでいくと車の走る音が聞こえた。その音がだんだんと大きくなり、ようやく車道に出られた。通りかかった車を止めて道を尋ねる。

「すみません。ヴァインヴァイラーはこっちでいいのでしょうか？」

「そうだよ。乗っけていってあげようか」

「いや、いいです。歩いていきます」

車は、何事もなかったように立ち去っていった。それから三時間後、なんとか第二セクションの目的地であるスタインバッハ（Steinbach）へ着いた。

3 スタインバッハ(Steinbach)~カールスルーエ(Karlsruhe) (八月四日~七日)

大きな森を北から東へ、三日がかり

スタインバッハでの休日――小さな小さなこの町をぶらつき、町から森へワンデリングを一時間ほど楽しむ。ヨーロッパ人の休暇は長い。長期休暇ともなると最低でも一週間は連続してとり、なかには四週間ほどまとめてとる人もいる。もちろん、ワーカホリック並みに働くビジネスマンも存在するが、たいていは家族やカップルで高原の保養地へ出掛けたり、安いロッジやユースホステルに泊まったり、キャンプをして長期休暇を過ごすようだ。日本でも一部の人たちは、夏季には暑いジメジメと蒸した都会を離れて軽井沢や清里といった高原の別荘地で過ごす人もいるが、ドイツではそれが日常的に行われているわけだ。そして、そのための宿泊施設や道路が整備されており、車でも、歩きでも、自転車でも、多く

かつてのローマの道を示す標識

の人が旅を楽しめるようになっている。

アルトライニンゲン（Altleiningen）で宿泊したユースホステルは市民プールが隣接した古城で、人気のユースホステルらしく五時からの受付に行列ができていた。車で来ている人、自転車で来ている人と、その姿はさまざまであった。確かに、このユースホステルで長期休暇を過ごすのも悪くない。周辺には広々とした田園風景が広がり、高原の森も近いので、ウォーキングにはぴったりの条件が整っている。少し足を延ばせば、古城や古い教会といった歴史的建造物も見学できる。暑さでヘトヘトになったときは、市民プールで水に浮いて肢体を思う存分に伸ばせばよい。さらに、ブドウ栽培の盛んな地域でもあるので、おいしいワインやそれにあうおいしい食事を出すレストランも多い。この国でこんな休暇の過ごし方をしても、日本と違ってサイフのなかのお札は羽根をつけて

ユースホステルに隣接したプール

ヒラヒラとは飛んでいかないのでご安心を。

次の日は、ホッホシュペイヤー（Hochspeyer）までの二二キロメートルを歩いた。途中の村で休憩していると、通りの反対側を馬に乗った女性二人が軽快に通りすぎた。「優雅ねえ」と、敬子さんは感心している様子だ。そういえば、来る道すがらに馬蹄型の道標があった。

さらに進むと、私たちの行く手に四〇～五〇人くらいの大きなグループが歩いていた。近づいていくと大人数の理由がわかった。車椅子の人や盲導犬と一緒に歩く人、白い杖をつきながら歩く人もいた。何人もの介助者とともに歩く目の不自由な人たちのグループだった。みんな嬉しそうな顔をして歩いている。これまでにも、ユースホステルで養護学校のグループや作業所のグループなど、障害のある人たちが楽しそうに旅をしている姿を何度となく見かけた。すべての人がどんどん外へ出て、活動できる社会となっていることが感じられた。

ファルツァーヴァルド（Felzerwalde）という名の、高原の大きな森に入っていく。地図上で計ると、東西約五〇キロメートル、南北約七〇キロメートルとなっている。そして、この森はドイツだけでなくフランスとの国境を越えて南へ広がっている。標高はさほど高くなく、三〇〇～四〇〇メートルぐらいだ。交通機関としてはバスが運行しているが、本数はとても少ない。私たちは北のホッホシュペイヤーから入り、東のバート・ベルクツァーベルン（Bad Bergzabern）へ抜けるという七六キロメートルのコースを三日間で歩くことにした。

ファルツァーヴァルドの初日は、ホッホシュペイヤーを朝九時に出発してミュンヒヴァイラー（Münchweiler）までの三六キロメートルをひたすら歩いた。その日の夕食は、駅前のカフェでビールとピザ。

翌日の目的地は、一七キロメートル先の町ダーン（Dahn）。川沿いの平坦な道を歩いた。

「あ！　行っちゃった、どうして？」

無事に歩き終えたのはよいが、帰路のミュンヒヴァイラー駅でのことだ。小さな駅舎で、メルツァルベン（Merzalben）方面行きのバスを待っていた。バスは少し遅れてやって来ると、構内へ入らずに私たちの目の前をスッと通りすぎていった。キツネにつままれたような出来事に二人とも呆然として、去ってしまったバスの方向を見つめていた。バスの停留所が違ったのか？　乗車と降車とでは場所が異なることもよくあるからな。私たちの乗るべきバスは日に数本しかなく、次は二時間後となっていた。歩いていくしかないか……しかし、道は敬子さんの苦手とする「上り」である。

昨日食事をした、駅前のカフェの女性に相談してみる。幸い、彼女は英語が少し話せた。

「そうねぇ。じゃ、タクシーを呼んであげましょうか？」と言って彼女は電話帳をめくり、一つの番号を見つけるとすぐに受話器をとった。

「すぐ来てくれるって。そこに腰かけて待っていれば」

カフェでタクシーを待つ間、敬子さんは折り紙を出してツルを折りはじめた。そして、きれいに折り終えたツルをカフェの女性にプレゼントしたら、彼女は「ダンケ」と一言。

しばらくして、一台の乗用車がカフェの前で停まった。出てきたのは、「大船に乗ったつもりで私に任せなさい」というような雰囲気をもつ恰幅のよい中年女性で、どことなく安心できた。車はベンツだが、どこにも「ＴＡＸＩ」という表記がない。明日もまたユースホステルからミュンヒヴァイラー駅まで来なければならないので、彼女に予約をした。朝早くのバスの便がなかったのでちょうどよかったが、本来、私たちの旅にタクシーは必要のないものである。

ファルツァーヴァルド三日目は、ミュンヒヴァイラー駅から列車とバスを乗り継いでダーンまで行き、大きなスーパーで行動食の調達をしてから歩きはじめた。森を抜け、バート・ベルクツァーベルンまで行くコースはすべてマーキングされているので安心して歩ける。途中、崩れかかった古城をいくつも目にする。そのうちの一つに上ってみると、上からの眺めはこのうえなくすばらしいものだった。そこで休んでいると、四人組みの旅行者が上ってきた。こういうときは先客のほうから声をかけるものだ。つまり、歓迎のしるしだ。

「どこから来たのですか？」

「デンマークです」

「へぇ！　デンマークですか。私たちはデンマークを歩いたことがありますよ。北のスカーエンから南のパッツボーまで、距離にして六〇〇キロメートルでした」

「すごいですねぇ！　私たちはコペンハーゲンの西にあるロスキレ（Roskilde）[1]から来ました」

「ロスキレですか。行ったことありますよ。大聖堂があって、ヴァイキングで有名な町ですよね」

「よく知っていますねぇ。また来てください」

「日本にもね」

　ファルツァーヴァルドの大きな森を抜けると、一面にブドウ畑が広がっていた。そして、その向こうにはライン川があり、それを渡れば今年のゴール地であるカールスルーエだ。あと二日、残るは四〇キロメートル。

　最終日。昨晩は一時間ほどの激しい雷雨があったおかげで、今朝は雲一つない快晴となった。今日も、相変わらずブドウ畑のなかをひたすら行く。振り返ると今まで歩いてきたファルツァーヴァルド、前方には来年歩く予定のシュヴァルツヴァルド（Schwarzwald／黒い森）が遠くにかすんで見える。そして、道の両側にはすっかり見慣れたブドウ畑。その農道の真ん中で、農夫がおしゃべりをしていた。

「こんにちは！」と、挨拶をする。

「そんなに大きな荷物を背負ってどこまで歩くつもり？」

「七月二三日にコブレンツを出発して、ずっと歩いてきて、カールスルーエがゴールなんです」

「日本人って、がんばり屋なんだな。そうそう、さっきのニュースで、アテネの世界陸上競技大会で日本の女子マラソンの選手が優勝したって言ってたよ」

「そうですか。いいニュースをありがとう」

話題の選手は鈴木博美だ。あとで、宿泊地のユースホステルでテレビを観るのが楽しみになった。コブレンツで渡った土色をしたライン川を、今再び渡ってカールスルーエへ入った。実に三週間ぶりだ。列車なら、コブレンツからカールスルーエまで特急で三時間三〇分だ。それをあちらこちら、名前も聞いたことのないような小さな町を通り、森を抜け、川を渡り、ユースホステルをつないで三週間をかけて歩いてきた。その代わり、細かくじっくりと土地を見ることができ、通り過ぎ

(1) コペンハーゲンの西三一キロメートルに位置する人口約五万人の町。九世紀には都市の形態をなし、デンマーク国内でもっとも古い町の一つとされる。ヴァイキング船博物館がある。ロスキレ大聖堂は一二世紀に建造されたもので、マーグレーテ一世女王から先代国王のフレデリック九世までの遺体が安置されているデンマーク歴代王室の霊廟。ユネスコの世界遺産にも登録されている。

日本人の優勝を教えてくれた二人の農夫

ていった町や村に住む人々の普通の暮らしを体感できた。

　コースの大半には歩く旅の道としてのコースが設定され、標識がつけられ、しかも歩いていける距離には連続して宿泊施設（ユースホステル）がネットワークされていて、誰もが楽しみながら歩くことができる。このようなすばらしい条件が整えられた歩く旅の環境は、いつになったら日本でも実現できるのだろうか。もちろん、日本とドイツでは文化的背景や自然の状況も異なる。ドイツは日本に比べれば地形的にも険しくなく、全体的になだらかな土地だといえる。

　歩く旅の環境づくりは、単なるハイキングコースづくりであってはならない。福祉や教育の視点も取り入れて整えるべきだ。また、日本でもみんなが長期休暇をとり、自然のなかで過ごすという習慣を取り入れるべきだと思う。そのようにスローダウンしていくことが、これからの高齢化社会または超高齢化社会へ向けて必要なことではないだろうか。スローダウンするためにも、娯楽施設やスポーツ、文化施設のみに依存することなく、ゆったりとしたペースで自然のなかを旅することが大切なことに思えてならない。


「乾杯！」

　カールスルーエのカフェで、無事に完歩したことを敬子さんと祝う。祝杯のビールが渇いた身体に染みわたった。

ドイツ編●パートV

シュヴァルツヴァルド(黒い森)を縦断、そしてボーデン湖へ

旅行期間：1998年７月24日～８月21日

歩行距離：カールスルーエ（Karlsruhe）～
コンスタンツ（Konstanz）
410キロメートル（通算2,710キロメートル）

いよいよドイツの最終区間を歩く。ドイツ北部の町カールスルーエを出発し、「黒い森」と呼ばれる「シュヴァルツヴァルド（Schwaltzwald）」を縦断しながら南下し、さらに進路を東へ向けてスイスとの国境のボーデン湖畔にあるコンスタンツをめざす。「黒い森」といえば、日本でもおなじみのドイツ南西部に位置する広大な高原地帯である。高原とはいえ、南北に約一六〇キロメートル（東京から福島県と栃木県の境にある那須岳までの距離に相当）延び、広さは大雑把にいえば長野県がすっぽり入るほどの大きさで、標高は一〇〇〇メートルを越すところが多く、もっとも高いところでは一五〇〇メートル近くになる。ドイツの高原で標高が一〇〇〇メートルを超えるものはここだけで、人気の高い保養地ともなっている。黒い森――モミやツガといった針葉樹が多いこの森は、遠くから眺めると全体がうす黒く見えるためにこう呼ばれている。

黒い森を縦横断する長距離自然歩道のコースは東西南北にはりめぐらされており、充実したものとなっている。長いものでは二〇〇キロメートル以上もあるが、たいていは一日向きのコースで、コース上には宿泊施設やレストランも多いので安心して歩くことができる。

この黒い森を歩くのは今回で二回目だ。最初に歩いたときはハイライト部分しか歩いていない。縦断して歩くのは初めてのことで、少しばかり不安もあるが、相棒もいることだし大丈夫だろう。森の新鮮な空気を吸い、木々のざわめきや鳥たちのさえずりに耳を傾け、深い緑や風景に目をこらし、おいしい水や食事、そして敬子さんとはもちろん、出会う人々との会話を楽しもう。自然のなかで五感を働かせれば、都会の生活で堅くなった脳もきっと活性化されるだろう。

1 カールスルーエ(Karlsruhe)~フロイデンシュタット(Freudenstadt) (七月二四日~三〇日)

美しき「黒い森」、雨ニモマケズ

カールスルーエへゴールしたのは昨年の暑い夏の日だった。カールスルーエの宮殿を敬子さんがスケッチしたのを思い出す。その宮殿の前を通って、今回の旅は中央駅からスタートする。駅を背にして、さっそくコースの道標に沿って歩きはじめる。「黒い森」縦断の、歩く旅の幕開けだ。

初日から三〇キロメートルの長丁場。川沿いの歩くコースを八時間歩いて、ようやく最初の目的地であるバート・ヘレンアルプ(Bad Herrenalb)へ到着した。ホテルやペンションが立ち並び、温泉保養地としても知られる町で、駅構内にあるインフォメーションで町の案内パンフレットをもらった。これがかなり分厚いもので、私に必要なのは最後のページにある町の地図だけなので、そのページだけを切り取ってあとはゴミ箱へ捨てた……ごめんなさい。

荷物を下ろすにはあともう少し。宿泊は、町なかから三キロメートルほど離れた場所にあるユースホステル。到着して驚いた！　なんと、泊まり客は私たち二人だけだった。何はともあれ、初日は無事に完歩。

二日目にして、標高九一〇メートルの山越えをしなければならない。その標高差およそ四〇〇メートル。森に入ると、ほとんどの木に巣箱がつけられていた。

「あれ？　巣箱がコンクリートでできているわよ」と、ちょっと驚いた様子の敬子さんに、「西洋の鳥はコンクリートの巣箱に入り、東洋の鳥は木の巣箱に入るんじゃないか……」と切り返す。あきれたように敬子さんが笑った。頑丈そうな鳥たちの家、真偽のほどは鳥たちに尋ねるしかないが、その回答は期待できない。

　一歩一歩、ゆっくりと登って山頂に到着した。

　山を下りると、今度は鉄道と川沿いの道を進む。途中の売店でアイスキャンデーを買って二人で食べながら歩く。今日の宿泊地のフォアバッハ（Forbach）のユースホステルは、市街地から二キロメートルほど離れた小高い山のなかにある一軒家だった。

　翌日は、フォアバッハのユースホステルからベルマースバッハ（Belmersbach）へつづく眺めのよい森の小道を歩いた。このあたりまで来るとザックを背負った人たちが多く見られ、森のなかに点在しているレストランはどこも休暇を過ごす人たちでにぎわっていた。

　森のなかの道を気持ちよく歩いていると、どこからともなく歌声が聞こえてきた。近づくと、広場に大きなテントが設営されて大勢の人が集まっている。舞台とおぼしき小屋では、今まさに合唱

コックさんのコーラス隊

がはじまったというところで、年輩の男女が身体いっぱいに歌っている。どうやら、合唱グループの発表会らしい。私たちもビールを買って自慢の喉を拝聴する。高原の森のなかで聴く歌声はのびやかに響きわたり、その声を聞くほうも心地よいが、何より歌い手たちが一番心身ともにリフレッシュしているようだ。

森を抜けるといよいよバーデン・バーデン（Baden-Baden）。高級温泉保養地として人気のある場所だが、ヨハン・ブラームス[1]の生家がある町としても知られている。

ここから先、バーデン・バーデンからフロイデンシュタットまでは黒い森のハイライト区間である。この間、せっかくの美しい森のハイキングコースだったが、一日として太陽は顔を出してくれないばかりか、あいにくの雨となった。ドイツの森のいいところは、森のなかに緊急避難用も兼ねた雨宿りのできる休憩小屋がたくさん設置されていることだ。一日中歩く私たちの旅にとって、雨のときに小屋のなかで休憩できることはありがたい。私たちが今回使用している地図は黒い森からボーデン湖までをカバーする一〇枚組の縮尺五万分の一の「ワンダーカルテ（Wanderkarte）」だが、この地図に小屋は「H（hütte／ヒュッテ）」マークで記されている。

（1）Johan Brahms（一八三三～一八九七）一九世紀ドイツ音楽における三大の作曲家の一人。バッハ（Bach）、ベートーヴェン（Beethoven）と並んで三人の頭文字をとってドイツ音楽の「3B」と呼ばれる。ロマン派音楽の中心にありながらも伝統を重んじた作風で、四つの交響曲のほか多くの作品を残している。

七月二七日。今日から四日間は森のなかばかりを歩くので、食料品店などはあまり期待できそうもない。バーデン・バーデンで、行動食と飲み物をいつもより多めに購入することにした。午前七時、すでにパン屋は店を開けていた。

昨日は一日雨に降られて歩いたから今日は晴れて欲しいなぁーという願いもむなしく、空は厚い雲で覆われている。雨が降っていないだけよしとしなければならないが、いざ出発というときに雨が本降りになってしまった。少し待って、小降りになったところで出掛ける。

今日の前半は、ムンメルゼー（Mummelsee）までE1のルートを歩く。E1は、デンマーク、ドイツ、スイス、イタリアを縦断してつづくヨーロッパの長距離自然歩道だ。上りの道がつづき、そのうえ悪天候のためにガスがかかって視界はあまりよくない。時折、雲が切れて下界の様子をチ

森の中の休憩所

ラリと目にすることができる。一〇〇〇メートル近くの高さであることに加えて雨天のためにかなり気温は低くなっている。雨具が防寒具として役立った。

ムンメルゼーは山上に小さな湖のある町で、湖畔にはホテルが立ち並んでおり、悪天候にもかかわらず多数の観光客が訪れていた。みやげもの店ではハムや焼きたてのパンも売られていて、おいしそうなにおいに誘われてつい焼きたてのパンを買い求めて二人でアツアツのところをほおばる。おいしい！　行動食用にともう一つ購入した。

山を下り、黒い森をいったん出てオッテンフェヘェン（Ottenhöfen）へ出る。清々しい空気の森の道も素敵だとは思うが、私はどちらかというと田園地帯の風景のほうが好きだ。広がる緑のなかに、赤い屋根に白い壁の家屋、家々の窓辺には赤、黄、白色などの色とりどりの花が飾られ、なんともいえない美しさで魅了してくれる。緑や茶色ばかりの森の風景に比べて、スケッチするときの色数の多いこと。

午後六時前に、ゾールベルク（Soleberg）のユースホステルへ到着する。このユースホステルには、私たちのほかに小学生のグループが宿泊していた。ヨーロッパの学校の新学期は九月なので、ちょうど今が日本でいう卒業旅行シーズンである。どうやら、夏休み前のお別れ遠足として来ているようだ。これから私たちの歩くコース上にある町、ボーンドルフ（Bonndorf）からやって来た子どもたちだった。

翌日の朝、出掛けに「私たちはボーンドルフまで歩いていくからね！　そして、ずっと歩いて地中海まで行くからね！」というと、子どもたちから「ワァー」という歓声と拍手を受けた。

次の日も雨……少し冷えるので、本日もまた雨具が防寒具となる。

七月三〇日、ツーフルフト（Zuflucht）を出発したときも雨。六キロメートルほど歩いたところで村のカフェを見つけたので休憩をする。予定していたスケッチは雨天のために中止としたが、入ったカフェの店内がなかなか雰囲気のある場所なので、ここを描くことにした。

コーヒーを飲みながらの、ゆったりとした時間が流れている。敬子さんの持つ色鉛筆だけが忙しく働いている。スケッチが完成するころに、それまで興味深そうに私たちを見ていたカフェの主人がゆっくりと近寄ってきた。

「このスケッチ、よかったらコピーさせてくれませんか？」

嬉しいことをいってくれる。「店の装飾に使いたい」ということらしい。自分たちが描いたものが喜んでもらえるならば本望である。主人はコンピュータを使ってスケッチを画像に取り込むと、「お礼に」といってシュヴァルツヴァルドの伝統的な帽子を型どったブローチと果実酒の小びんを私たちにくれた。

黒い森の東玄関であるフロイデンシュタットまで、あと一二キロメートルのところまで来た。

2 フロイデンシュタット(Freudenstadt)~アルトグラスヒュッテ(Altgrashütte)(八月一日~六日)

思いがけず出会う、人・町・地域文化

フロイデンシュタットを南下し、アルピルスバッハ(Alpirsbach)への歩く道はおすすめコースだ。距離も一八キロメートルと適当で、川沿いのコースのためにアップダウンもなく、静かな森や田園のなかを歩き進む気持ちのよいコースになっている。アルピルスバッハの町を流れるキンツィヒ川は黒い森に源流を発し、ケール(Kehl)でライン川に合流している。コース沿いには、バーベキューのできる場所や農家民宿、そしてレストランもある。ドイツでもやはり人気があるらしく、ここで多くのハイカーに出会った。

アルピルスバッハへ入る手前で急に空が暗くなったかと思うと、遠くに雷鳴が轟き、すぐに大粒の激しい雨となった。農家の納屋で雨宿りをし、ザックから雨具を取り出して着た。しばらく空を見上げていたが、雨が止みそうにないので再び歩きはじめる。すると、突然、前方に教会が現れた。アルピルスバッハのシンボルとなっているベネディクト会修道院の教会だった。この建物は、一二世紀初頭に造られたシュヴァルツヴァルド最古のロマネスク建築のもので、近くで見るといっそう荘厳な感じがする。教会の庭にある野外音楽堂のなかで雨宿りも兼ねてまた休憩。敬子さんは、見事に手入れされた中庭の花と教会をスケッチブックに描きはじめた。

この地で忘れてはならないのが地ビール。一人当たりのビールの消費量が世界一といわれるほどビール好きのドイツ人、それだけに地ビールも豊富である。シュヴァルツヴァルドを歩いているときに飲んだビールのほとんどが、ここの地ビールである「アルピスバッヒャー（Alpisbacher）」だった。

こうして歩きつづけていると、思いがけず魅力的な町に出合うことがある。ロットヴァイル（Rottweil）もそんな町の一つだった。私たちがこの町へやって来た理由は、ここにはユースホステルがあり、歩く旅の中継地点としてちょうどよかったからである。理由はこれだけで、どんな町かはまったく知らずにやって来た。ところが、到着してみて驚いた。堂々と立つ城門に石畳の広場、その両側にはさまざまな色の花で飾った出窓をもつ建物が並んでいる。案内所でもらったパンフレットによれば、二月には「ファスネット（Fasnet）」と呼ばれる祭りが開催され、その時期は観光客でにぎ

農家民宿

農家が副業として空いた部屋や自宅を増築するなどして、有料で宿泊所として提供している。1週間以上の滞在も多く、滞在中は農作業の手伝いやブドウやリンゴ狩りの手伝い、農家の人とともにパン焼きやジャムづくりを体験したりする。エコツーリズム、あるいはグリーンツーリズムの旗手として注目されている。

兼業する多くの農家が自ら3年ごとにドイツ農業協会（Deutsce Landwirtschafts-Gesellschaft）の審査を受け、宿泊先としての「農家滞在」の質の評価を受けている。評価の基準は宿泊所のキャパシティ、設備は清潔で整備されているか、農作業用の施設（牛小屋など）などがあるか、サービスやレジャーのプログラムの提供があるかなどとなっている。

わうという。

ロットヴァイルのユースホステルはこの町を囲む城塞の一角にあり、宿泊棟は隣にある教会の建物の一部を利用しているので、民家に泊まらせてもらうような感じである。木造の屋根付きの外階段をミシミシと音をさせながら上ったところが私たちに用意されていた部屋だった。

ロットヴァイルからトリーベルク（Triberg）までの二五キロメートル、そこからザンクト・ゲオルゲン（St. Georgen）までの一五キロメートルを二日間に分けて歩いた。トリーベルクのユースホステルへは三泊して、日帰りの歩きでコースをつなげた。

森のなか、牧草地のなか、ひたすら先を見て歩きつづける。特別なこともなく、わき目もふらずにただひたすらに歩く。あたかも目的地までの距離をただ縮めるためだけに歩いているような、そんな日もある。

ロットヴァイルの町

ファスネット

南西ドイツ、黒い森や南シュベーベン地方やボーデン湖周辺で行われる、長い冬を追い払って春を待望する祭り。冬の厄払いと豊饒を祈るゲルマン民間信仰の名残りを残すもので、農民の伝統的生活と密接に結びついた祭りである。木彫りの奇怪な面に色鮮やかな装束を身に着けた人々が、夜の明けきらない早朝から鈴やムチを鳴らしながら町を練り歩いていく。にぎやかな音や様子で春を目覚めさせるといわれ、夜明けまで歌ったり踊ったりして楽しむ。とくに有名なのが、ロットヴァイルやドナウ川源流の町フィリンゲン（Villingen）で開催されるファスネット。

カッコウ時計

カッコウ時計

メカニック時計であるカッコウ時計は、この地域で開発されたものではない。もともと木材が豊富な地域のために木彫りの人形や水車、農耕具などを製作するためにその技術が発達したということがその背景にある。そこへニュルンベルク（Nürnberg）やロンドン（London）などから機械技術が入ってきて、17世紀ごろより、トリーベルクなど周辺の地域で本格的に木彫り時計づくりがはじまった。そのころ、山間の村でつくられる時計は行商されていたが、やがてドナウ川に沿ってウィーン（Wien）へ輸出されるようになり、ザンクト・ゲオルゲンから北米にまで行商されたという。文書によれば、1800年ごろには世界へ10万もの時計が輸出された。ドイツ国内でもとくに黙々と粘り強く、丹念な仕事をするといわれるこの地域の人々。現在、トリーベルグ周辺には約20ヵ所の時計工房があり、いずれもマイスターや職人たちが小規模で運営している。

ザンクト・ゲオルゲンからフルトヴァンゲン（Furtwangen）へ向かった。コースは森のなかだけでなく田園風景の眺めもよく、アップダウンもない歩き心地のよいコースである。

途中、私たちのような姿で徒歩旅行をしているグループに出会った。六年前にデンマークのスカーエンを出発して以来、重いザックを背負い、本格的な装備で徒歩旅行をしているグループに遭遇するのは初めてのことだ。グループは高校生ぐらいの年齢層の男子八人組で、テントを背負って七日間の徒歩旅行をしているという。彼らの姿はたくましく、そしてかっこいい！　かつては、こうした若者がドイツ国内に大勢いたのだろうか。中世のころは若い職人がその道の大家とでもいうべきマイスターをめざして、一つの村で一定期間働いてはまた次の村へ行くというように国内を転々としながら自らの腕を磨き上げたと聞く。そのような歴史を、彼らは知っているのだろうか……。

ミッテルベヴェーグ（Mittelweg）[(2)]を通って、いよいよフルトヴァンゲンへ到着する。フルトヴァンゲンでは少し時間の余裕があったので、町をぶらつき、ウォーレン・ミュージアム（ドイツ時計博物館）に寄った。ここには、古時計やオルゴール時計などの世界各地の貴重な時計が集められている。また、このあたりはカッコウ時計の特産地と聞いた。さまざまな意匠の木彫りの時計はなかなか高価なものが多かった。

（2）黒い森を縦断する長距離自然歩道の一つ。距離は北のフォルツハイムから南のヴァルドシュットまでの二二八キロメートルに及び、コース上の最高地点は一〇九二メートル。

三連泊したトリーベルクに別れを告げ、フルトヴァンゲンまでバスで移動する。出発までの少しの時間を利用して、敬子さんは念願としていたケーキ「シュヴァルツヴァルダー・キルシュトルテ(Schwarzwalder Kieschtorte)」を食べた。ドイツを代表するこの地方独特のケーキで、カフェで一切れを買って外のベンチで食する彼女の姿はこのうえなく満足そうだった。その味が気に入ったのだろう、さっと食べ終わると「また、ゆっくりと味わいたい」と一言。

フルトヴァンゲンからは、中部シュヴァルツヴァルドの終点であるティティゼーノイシュタット(Titisee-Neustadt)へ向かった。このあたりの標高は一〇〇〇メートルだが、標高差が一〇〇メートル程度なのでアップダウンはたいしたことがない。コース上には農家が点在し、その周辺は牧草地となっているので視界が開けていて気持ちがよい。そして、その背後にはうっそうとした黒い森が姿を見せている。

途中、私たちと同年輩とおぼしきドイツ人夫妻に出会う。「私たちは歩いて旅をしているんだ」と話すと、「まぁ！　日本人なのに珍しい」と夫妻は驚いていた。どうやら、日本人の旅といえば観光地へ大挙して行くものとばかり思っていたらしい。

翌朝、起きて窓から外の風景を望むと遠くの空が真っ赤に染まっていた。太陽が今まさに昇ろうとしている。連日の雨や曇りの天候から解放され、今日は夏らしい暑い日になりそうだ。

ティティゼーノイシュタットの町中は保養客でごった返していた。耳を澄ませば、メインストリートでドイツ語以外のさまざまな言語が飛び交っているのが聞こえてくる。観光客でにぎわうメイ

シュヴァルツヴァルダー・キルシュトルテのレシピ

「黒い森のさくらんぼケーキ」。ドイツを代表する家庭的な菓子の一つ。甘さ控えめのカカオ味のスポンジケーキをたっぷりの生クリーム、リキュールに漬けた酸味のきいたサワーチェリーで飾ったケーキ。酸味と甘みがバランスよく味わえる。サクランボは黒い森地方の特産品の一つ。そのほかには、菓子づくりによく使われるキルシュヴァッサー（チェリー酒）やシュヴァルツヴァルダー・シンケン（黒い森特産のハム）などがある。

○材料（直径24cmのホールケーキ）
・スポンジケーキ　バター100g／砂糖100g／全卵４コ／小麦粉50g／アーモンドパウダー75g／チョコレート100g／コーンスターチ、ベーキングパウダー適宜
・フィリング　生クリーム500cc／キルシュヴァッサー大さじ６／サワーチェリー500g
・飾りつけ　サワーチェリー16個／削りチョコレート適宜

○作り方
❶　スポンジの生地をつくる。全卵を白身と黄身に分け、よく混ぜる。二つを２～３回に分けた砂糖を入れながら手早く混ぜ合わせる。
❷　そこへ溶かしたバターを加えてよく混ぜ、次に湯煎したチョコレート、アーモンドパウダーを加えて混ぜ合わせる。
❸　ふるいにかけた小麦粉（ふっくらと仕上げたい場合にはベーキングパウダー小さじ２、コーンスターチ50g程度をいっしょにふるいにかける）を加え、さっくりと混ぜ合わせる。
❹　型に塗り粉をまんべんなくふり、バターを塗る。
❺　型に❸でできたスポンジの生地を流し入れ、180℃のオーブンに入れて、約45分ほど焼く。
❻　焼き上がったら、型から取りだし十分に熱を冷ましてからスポンジを水平に３枚に切る。
❼　土台のスポンジの表面にキルシュヴァッサーをまんべんなくしみこませ、その上に汁気を切ったサワーチェリーをのせ、その上にホイップした生クリームを塗る。ほかの２枚も同様に行う。
❽　でき上がったところで全面に生クリームを塗る。
❾　生クリーム、削りチョコレート、サワーチェリーを使って、ケーキに飾りつけをほどこしてできあがり。

ンストリートを抜けて再び森の道へと入っていくと、スーッと全身から暑さが引いていった。しばらく進んで、ドイツ国鉄の最高地点九六七メートルにあるフェルドベルグ・ヴェレンタル(Ferdberg-Bärental)駅で休憩する。日本なら、さしずめ長野県にある小海線の野辺山駅といったところだろうか。

目的地のアルトグラスヒュッテに到着。中心の広場まで行くと、そこでは仮装姿の子どもたちが笛やラッパを演奏しながらビラ配りをしていた。見れば、近々この町にやって来るらしいミニサーカスの宣伝であった。どこからか牛のカウベルの音が響いてくる、小さな平和な村である。

3 アルトグラスヒュッテ(Altgrasshütte)~コンスタンツ(Konstanz)(八月七日~一二日)

さらば黒い森、さらばドイツよ

今までは南に向かって歩いてきたが、ここからは進路を東に向けることになる。のべ二一〇〇キロメートルに及ぶドイツ縦断も、ボーデン湖へ到着すれば終わりだ。本日、向かうのは八キロメートル先のシュルッフゼー(Schluchsee)である。平坦な道で、しかも半日で歩き終えられるルート。これでは物足りないので、山を一つ越えてメンツェンシュベンデ(Menzenschwende)まで行って、再び山越えをしてシュルッフゼーへ入るという遠回りのルートをとることにした。

最初の山越えは標高一四九三メートルで、この山はシュヴァルツヴァルドの最高地点であり、晴天のときにはスイスアルプスを望むこともできる。激しい登りではないし、設置されたゴンドラを使えば楽に山頂まで行くことができる。

メンツェンシュベンデは谷沿いにある集落で、建物の大半はホテルやペンションとなっているからここもまた小さな保養地なのだろう。集落の一番奥に、かやぶき屋根の民家風のユースホステルがあった。もう一つ山を越えると、シュヴァルツヴァルド最大の大きさをもつシュルッヒ湖畔に着いた。その遊歩道を進んでいくが、湖畔では、日光浴をしたり水遊びに興じていたり、泳いだりと、人々はみな久しぶりの夏日を謳歌しているようだ。

シュヴァルツヴァルドを歩いているときによく飲んだビールが「アルピスバッヒャー」であると先に言ったが、実はもう一つ、ロートハウス地方の地ビールもよく飲んだ。その名も「ロートハウス（Rothaus）」。ラベルには、民族衣装をまとった女性が楽しげな表情で両手にビアジョッキを持った姿が描かれているのだが、これまでに私たちはいったい何度この女性の笑顔に会ったことだろうか。今日は、そのロートハウスの町を通過する。

ロートハウスまでは車道を歩けば一時間程度で着くが、例によって「車道を歩くのはつまらない」ということで森のなかの道を選択した。歩きだすと、順調と思ったのもつかの間で、すぐに道は細くなって心細くなったが、それでも歩いていると今度はしっかりとした林道に出た。歩くコースのマークがいくつか現れたが、どのマークを頼りに歩けばよいのか皆目見当もつかない。

人が歩かなくなった道は荒れているし、人に出会うこと自体が珍しいという道もある。進んでいるのか後退しているのかもわからずに、いつしか自分たちは広い森のなかを当てもなく彷徨しているような気持ちに襲われることもある。それは場所だけではない。時間さえも進んでいるのかどうかわからないような、危うい錯覚に陥ることもある。そんなときに頼りになるのが方位磁石と地図だ。これらの道具を使って困難な状況から脱出する。精神力ももちろん大切となるが、これらの使い方をより詳しく知っていれば楽にその状況から脱出することができる。その昔、森に暮らしていた人々はこれらの状況を経験だけで切り抜けたのだろう。

結局、方位磁石と地図を頼りに森を抜けてロートハウスへ到着したのは出発してから三時間後だった。ロートハウスのビール工場の見学も試飲する時間もなく、私たちは目的地のボーンドルフへ急いだ。

ボーンドルフのユースホステルで、日本からの短期留学生である大橋さんという女性に出会った。彼女は、ドイツの環境教育について勉強しているという。そういえば、ドイツのユースホステル協会も環境教育には力を入れている。いくつかのユースホステルには環境教育のプログラムを指導する専門のスタッフを置いているところもあるぐらいで、ユースホステルを野外教育の場として活用する学校がドイツには多いようだ。

大橋さんと一緒に居間のテーブルを囲んで話しているところへ、ドイツ人夫妻がやって来た。

「コンニチワ。ワタシ、キーファー、トイイマス」

ロートハウスの工場

驚いたことに日本語での挨拶を受け、日本語で書かれた名刺まで差しだされた。名刺に印刷されていたキーファーさんの肩書きは「カールスルーエ市税務局長」となっている。そのほかに、名誉活動としてバーデン州のユースホステル協会の理事をしているという。「ニホンニモ、イッタコトガアリマス」と、キーファーさんはカタコトの日本語を楽しそうにしゃべってくる。

夫妻の誘いで近くのカフェバーへ飲みに行った。会話は、英語を主体にしてドイツ語、日本語がチャンポンになって行われ、なんとなく盛りあがっていった。私たちの話す英語はとても流暢といえるものではないが、コミュニケーションはまず気持ちありきである。なにも、難しい話題を討論しようというわけではないのだから。旅のことや互いの国のことと、楽しい会話が繰り広げられた。

ふと気がつけば午後一〇時を回っている。ユースホステルの門限である午後九時が過ぎていた。心配そうな表情の私に向かって「大丈夫！　裏口から入れますよ」と嬉しそうにいうキーファーさんの手には、ユースホステルの鍵がぶら下がっていた。


昨晩、近くにあるブータッハ（Wutach）自然保護区を歩いた話をキーファーさんから聞いた。それがあまりにもよさそうなのでルート変更をして、渓谷でもあるブータッハ経由でブルーンベルク（Brumberg）へ向かうことにした。ボーンドルフの北三キロメートルに入り口があり、出口まで約八キロメートルのウォーキングコースがある。渓谷沿いに遊歩道がつけられ、一部には人一人がやっと通れるほどのところもある。入り口の駐車場には次々と車が停まり、ザック姿の人たちが靴をはき替えて次々と車から降りてきた。

「さすがは歩きの本場、ドイツならではの風景ね」

高尾山（東京・八王子）の登山並みの行列のなかに私たちもそそくさと入りこみ、休日のウォーキングを楽しんだ。人が多いとはいえ、渓谷沿いのすばらしい景色を眺めながら歩くのは壮快だ。しかし、この混雑も終点の売店までで、その後は夫婦二人の静かな歩きとなった。

ブルーンベルクでは、三日前に開業したばかりの小ぎれいなホテルに宿泊した。そして、次の朝は五時に起床。ジンゲン（Singen）までの三一キロメートルという長い道のりを歩くからだ。午後六時までには町に入りたいので、逆算するとどうしても早朝の出発となってしまう。予定した午前五時半に出発。空は白々と明けているが、気温のほうは暑い昼間に比べてグッと下がっている。

「うわぁ、きれい！　朝日が昇ってくる」

朝焼けを二人で眺める。東の空が真っ赤に染まってくると、いよいよ大きな太陽が登場した。まぶしい！　朝日にすっかり浄化されるような爽快な気分だ。

このところ晴天がつづいている。今日も気温は三二〜三五度には達するだろう、と昨晩の天気予報でいっていた通り、とにかく暑い。それに加えて、旅終盤ともなるとこれまでの疲れも出てきて体力の消耗が想像以上に激しい。途中で何回も、農家の人たちに水の補給をお願いした。

ジンゲンには予定通り、夕方六時前に入ることができた。ユースホステルの部屋へ入るなり、バスタオル一式とミネラルウォーターのペットボトルが二本、そして果物が疲れた私たちを出迎えてくれた。宿泊するのが、遠いアジアの国から来たユースホステル協会の関係者ということでの心遣いなのだろう。炎天下での歩き疲れがスーッと抜けていくようだった。

カールスルーエを出発して歩くこと四〇〇キロメートル、一九日目にしてコンスタンツへ到着した。五回にわたったドイツ歩行もやっと終了だ。のべ日数が九六日、のべ歩行距離は二一〇〇キロメートルに達し、日本にたとえるなら、青森から本州を縦断して下関を通って鹿児島までの距離に匹敵する。これだけの長い区間のほとんどが歩くコースでつながっているという、ドイツのワンデリング環境のすごさを思い知った。そして、ここドイツでは圧倒的に少年たちのグループの団体利用が多く、ワンデリングがすべての世代にしっかりと根づいているのを感じることができた。何度もいうように、歩いて行ける距離にユースホステルがネットワークされており、それをつないでいけば遠い異国の町までも歩く旅をつづけることができるのだ。

日本でユースホステルといえば、学生時代に全国を観光旅行するときに、宿泊代を節約するための学生宿舎というイメージが強い。一般の宿泊施設の半分から三分の一の料金で泊まれるから、確かに学生時代の旅行には最適なものである。日本からヨーロッパ旅行へやって来る若者の多くも、こうした「料金が安い」という面にのみ焦点をあてて利用しているように思われる。しかし本来、ユースホステルは観光地のホテル代わりとなる単なる安宿とは違うのだ。最初はそうした利用でもよいと思うが、歩きの旅をつづけているとユースホステルの良さが徐々にわかってくる。たいていが相部屋なのでお互いのコミュニケーションの力を磨くにはうってつけの場所であるし、ガイドブックでは得られない貴重な口コミの情報を知ることも可能な場だ。そして何より、ユースホステルのネットワークを最大限に利用して大型の徒歩旅行や自転車旅行をすることこそ王道の旅であり、もっとも青少年の人たちに体験してもらいたい旅でもある。

スイス編●パートⅠ

いくつもの湖をつないで
峠を越えて歩く

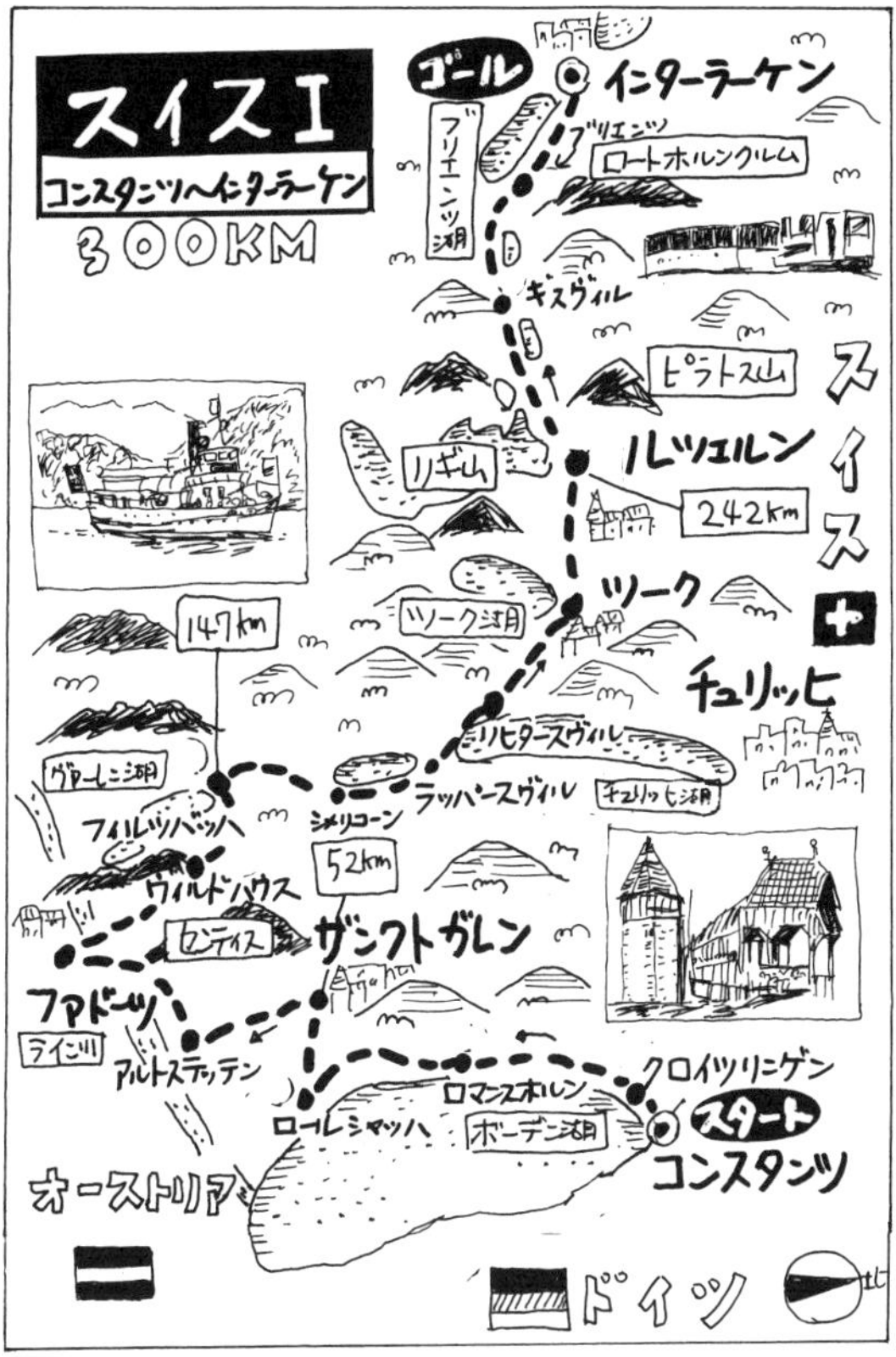

旅行期間：1999年 7 月21日〜 8 月 6 日

歩行距離：コンスタンツ（Konstanz）〜
インターラーケン（Interlaken）
315キロメートル（通算3,025キロメートル）

ドイツからスイスへ入ると湖が多くなる。それに、山も多くなる。「山と湖の国スイス」と聞けば、それこそ足はスイスイと進んでいきそうなものだが、山があるということは上り下りがあるということだし、それがどの程度の山道なのか少し心配なところだ。とくに、パートナーの敬子さんは山登りが大の苦手ときている。

とはいえ、長い時間をかけて登れば登った分、峠などへ着いたときの感動は大きくなる。その場所から目の前に広大な景色が広がるときはとくにそうで、それまでの苦しさはいっぺんにどこかへ吹き飛んでしまう。山登りに魅せられている人たちは、それぞれ胸のうちに何かを感じて、その単調とも思える行動を繰り返しているのだろう。

1 コンスタンツ(Konstanz)~ファドーツ(Vaduz)　(七月二一日~二六日)

峠の向こうにオーストリアアルプス

まずは、コンスタンツにある町のシンボルである女神像がお出迎えをしてくれた。ゆっくりと回転しているこの像は一九九三年に建てられたもので、高さ九メートル、重さ一八トンの巨大な女性像「インペリア」だ。口元に意味深な笑みを浮かべたインペリアは、遊女じゃないかといわれている。その堂々と立つ彼女の両方の手のひらには、しょんぼりとした表情の教皇と皇帝の姿がある。

一四一四年、当時の教会の堕落ぶりをなんとか正そうとこの地で宗教会議が開かれ、本来のカトリックの精神を取り戻すために、この会議で異端者は処刑という決を下した。しかし、この会議は世俗の権力である皇帝に操られていたともいわれ、根本的な解決にはたどりつけなかった。巨大なインペリアはこの宗教会議をどう思っているのだろうか。

日本のように周囲を海に囲まれた島国では、歩いて国境を越えるという体験ができない。私たちはすでに一度、デンマークからドイツへ入るときに歩いて国境越えをしているが、今日はその二度目となる。

ドイツの町コンスタンツとスイスの町クロイツリンゲン（Kreuzlingen）の間は、距離にして二キロメートルほどしかないボーデン湖に面した隣同士の町だ。ドイツの国境検問所の係官は留守のようで、黙ってほんの少しの無国籍地帯を歩くとすぐにスイスの国境検問所があった。事務所内には係官の姿が見えるのだが、私たちに気をとめる様子もなくそのままフリーパスで、あっけない国境越えとなった。そして、なんと初日の歩行はこ

グルグル回るインペリア

のわずか二キロメートルだけで終わった。

　ボーデン湖はドイツ、スイス、オーストリアの三国にまたがり、一周およそ二五〇キロメートルで、滋賀県にある琵琶湖とほぼ同じ大きさである。サイクリングコースが整っているほか、湖畔の町を結ぶ定期連絡船が運航されている。クロイツリンゲンの船着場近辺は広々とした公園となっていて、隣接してレストランや博物館もあってちょっとしたリゾートスポットとなっている。夏になると野外映画が上映されるらしく、大きなスクリーンが設置されていた。暗くなるのを待ってからの開始だろうから、午後九時ごろからの上映となるのだろう。

　翌日、ボーデン湖畔沿いを歩く。雨が降ったり止んだりの不安定な天気で、気温も低く、真夏の天候とはとても思えない。雨具を着けて歩いてちょうどよい感じである。自転車でツーリングする人の姿をよく見かけるが、歩いている人はほとんどいない。途中、一組だけ歩いている人たちに出会ったときは嬉しくなってしまった。中年の男女のグループで、雨具を着けて、靴もしっかりとしたものを履いていた。

「私たちは、インターラーケンをめざして歩きはじめたところなんです」

「へぇ！　それはすごい！　頑張って!!」というエールに、思わず「ありがとう」と日本語で返してしまった。

　七月二三日、歩きはじめてから連日の曇り空だったが、とうとう今日は朝から雨となった。雨具を着けて、湖畔の町ロマンスホルン（Romanshorn）を出発した。「これが夏か!?」と思うほどのうすら寒さに敬子さんは身震いをしている。少しして雨が上がったが、相変わらずのひんやりとした冷気に雨具を着けたまま歩いた。湖畔の道ですれ違うのは相変わらずサイクリストたちばかりだ。途中、キャンプ場内にあるキヨスクでホットコーヒーを飲んで生きかえり、再び湖畔沿いの歩行に戻った。

ロールシャッハ（Rorschach）の少し手前で、アルボン（Arbon）という小さな町に寄った。時間に余裕があったので町なかをぶらついたが、この日もあいにくの雨。古い城を利用した博物館がすぐに見つかったのでなかへ入ってみたが、昼の休憩時間中ということで閉まっていた。しかし、併設されたセルフサービス式のカフェテリアが開いていたのでそこで休憩をとることにした。窓越しに見える市街地の眺めはすばらしく、暗い空の下、雨にしっとりと濡れた赤い屋根の建物が並んでいる風景は自分のもつ「中世ヨーロッパの町」のイメージにぴったりとしていた。時の流れまでもが、中世のごとくゆったりと過ぎていくようだった。

ロールシャッハに入ると、「ヤコブズヴェーグ」と書かれた道標をあちこちで見かけるようになった。気になったので観光案内所で尋ねると、係員の女性は事務所の奥のほうから英語版の資料を出してきてくれた。

ヤコブズヴェーグ、つまり巡礼の道だ。エルサレム、ローマと並ぶキリスト教の聖地であるスペインの西端に位置するサンティアゴ・デ・コンポステラへとつづく長い長い道のりだ。スイス巡礼の道はコンスタンツからジュネーブ、フランス国境沿いのコンプジエールへつづき、フランスの

ヤコブズヴェーグ（聖ヤコブの道）

11世紀の中ごろ、ヨーロッパの重要な巡礼地はローマ、エルサレム、サンティアゴ・デ・コンポステラの三つであった。ヤコブズヴェーグは、スペインの西端に位置するサンティアゴ・デ・コンポステラまでの巡礼の道をいう。道標の目印は帆立貝の図柄。巡礼地は帆立貝を多産する海辺の町で、当地へ詣でた巡礼が帰りに帆立貝を記念として帽子や衣服に身につけたことから由来している。フランス語圏では、この道を「サンジャック（聖ヤコブ）の道」といい、帆立貝のことを「コキーユ・サンジャック（coquille St - Jacques）」という。当時、人々は巡礼の証としてこの帆立貝を身に着けて詣でた。巡礼には多くの危険が伴い、覚悟をして旅に出なければならなかった。

9世紀初頭、イエス・キリストの弟子で12使徒の1人である聖ヤコブの墓がスペイン・ガリシア地方の山林で発見されたのが発端といわれる。その場所に大聖堂が建てられると、ヨーロッパ各地から人々はこの地を目指し詣でるようになった。そして、「サンティアゴ・デ・コンポステラ」と呼ばれるようになった。

当時の巡礼の道は、そのまま現在の自動車道路に変わったものや、人が歩くための道として残っているものもあれば道としてほとんど忘れ去られてしまったものもある。1985年、サンティアゴへの道はユネスコの世界文化遺産に認定され、道の保護や設備の拡充が進んでいる。

スイスの歩く道標。一番下がヤコブズヴェーグの道標

「サンティアゴへの道」四大ルートの一つに合流してピレネー山脈を越えてスペインへ入っていく。ちなみに、コンスタンツからサンティアゴ・デ・コンポステラまでは一九五〇キロメートルある。

ロールシャッハからはボーデン湖を離れ、内陸の都市であるザンクト・ガレン（St.Gallen）(1)へ向けて歩く。今日は朝から晴れ。ゆるい坂道を上っていく、なかなか眺めのよいルートだ。牧草地を歩いていると、どこからともなく牛が首につけているカウベルの音が聞こえてきた。草を食べるたびに首に揺さぶられ、カランコロンと鳴らしているのだろう。その音に、音楽教師である敬子さんは耳を澄ましている。「一頭一頭の牛が鳴らすカウベルの音はすべて偶然性のものであるにもかかわらず、それぞれの音が重なり反発しあって丘にこだまして、一つの曲のように素敵な演奏に聞こえてくるわ」と敬子さんがいったときに教会の時を告げる鐘の音が加わって、私たちの進んでいく道はアンサンブルのＢＧＭつきとなった。

大聖堂があることで有名なザンクト・ガレンの町に到着する。これから最初の峠越えを迎えるのでユースホステルに連泊して、重い荷物は宿に残して軽装で登る作戦とした。

翌朝、最高地点の標高が一〇〇〇メートルの峠越えに向けて出発する。最初に地図を見たときは険しそうなルートに思えたが、よく見ればザンクト・ガレンの町がすでに標高七〇〇メートルのと

(1) 東部スイスの中心地で、六一二年に僧ガールスによって築かれた。修道院を中心に発達した町で、そのシンボルであるザンクトガレン修道院の大聖堂と付属図書館はユネスコの世界文化遺産に認定されている。

ころにあってその差は三〇〇メートルしかないことが判明し、敬子さんはほっと胸をなで下ろした。そのうえ、背中の荷物は普段よりも軽い。

トローゲン（Trogen）までは電車路線沿いのゆるい上りのコース。電車といっても、市電のように道路の真ん中をのんびりと走っている。スイスに多くの登山電車があることはご存じの通りで、これもそのうちの一つ。終点のトローゲンに着くころには朝から発生していたガスも消え、すばらしい山の景色が現れはじめた。ここから、最高地点を目指して歩くわけだ。

大きな森を抜けると視界が急に開け、一軒のレストランが目に入った。ランドマークに到着したらしい。眺めのよいこのレストランに入ってすぐさまビールを注文をして、木陰のテーブルに座って飲む。ここが今日の最高地点。「さむーーい！」「涼しい！」を通り越して、敬子さんの手は小刻みに震えている。ビールもそこそこに退散を決め、すぐに下山しはじめた。しばらく行くと下界が開け、遠くには雪をかぶった山々が堂々とそびえている。「あーっ、あれがオーストリアの山なんだ」と、敬子さんが立ち止まって山の方向を指さした。ライン川のはるか向こうに見える山々、それがオーストリアアルプスだ。「右のほうに見える雪山がスイスアルプスだよ」と、私が指差した。その麓には屋根の赤色と、その周辺一面には牧草地の緑色、畑の茶色が拡がっている。いつもいつもアルプスの山々とともに暮らす麓の人々の生活に、ふと思いをはせた。

私たちは、ライン川までの標高差五〇〇メートルを一気に下った。アルプスの眺望を見ながら下りていくのはなんともいえず爽快だ。ジグザグを繰り返しながら少しずつ高度を下げていくと、眼下にアルトステッテン（Althstäitten）の町が近づいてきた。峠越えを終え、アルトステッテン駅へ着いてほっとひと息。日曜日だったが駅の売店は幸いにも開いていて、アイスクリームと地図を購入した。このあとオーバーリエト（Oberried）まで歩いて、本日の歩きは無事に終了。

七月二六日、オーバーリエトを出発してライン川を渡るとそこはオーストリアだ。リヒテンシュタインまではたったの五〇〇メートル。国境でパスポートチェックを受けて、ライン川沿いを一〇分も歩くとすぐにリヒテンシュタインの国境となった。柵があるだけの簡素な国境線である。フリーパスでリヒテンシュタインに入り、首都ファドーツへ向かった。

リヒテンシュタインは一六〇キロ平方メートルという瀬戸内海にある小豆島とほぼ同じ面積をもつ小国で、人口は約三万人。国のはじまりは一七一九年で、オーストリアのハプスブルグ家より領土を賜った公爵が治めるようになった。現在は、公爵の末裔にあたるハンス・アダムス二世が国家元首であり、非武装中立を基本とする国でスイスと特殊な関係を維持している。芸術性の高い切手と観光の国と思われがちであるが、ハイテク産業や銀行・投資ビジネスが盛んな国でもある。

ファドーツには鉄道がなく、移動はバスのみである。ユースホステルは町の中心地より少し離れた場所にあり、スイスのユースホステル協会の管轄において運営がなされている。山の眺めが美しい、牧草地の一角にあるモダンな建物のユースホステルは、日本人の利用者も多いらしく、ゲストブックには日本語によるさまざまなメッセージが書き残されていた。

明日は休養日、このファドーツをぶらぶら歩きしてみよう。

2 ファドーツ（Vaduz）～ルツェルン（Luzern）　（七月二八日～八月二日）

山と湖、そして祝祭

リヒテンシュタインから再びライン川を渡って、スイスのブーフス（Buchs）へ入った。池のほとりには古城が立ち、周辺には古い町並みが残っている。

たいした雨ではないが、小雨が降りつづいている。谷筋の道を進んでいったが、このあたりは「トッゲンブルグ」という名のアッペンツェル州南部のトゥール川沿いの山岳リゾート地帯だ。二〇〇〇メートル級の山々が連なり、その姿はノコギリの歯のようにギザギザになっているために縦走登山は難しい。一山ずつ登らなければならないのだが、山頂近くまではロープウェイが運行されているのでご安心を。

トッゲンブルグの中心地であるヴィルドハウス（Wildhaus）に到着した。カフェに入って、コーヒータイムをとる。店のマダムにユースホステルの位置を尋ねると、「ユースホステルはもう閉鎖されたわよ」という。

「ええ！　私たち予約のOKをもらっているのですけど……」

「いや、確かに閉まっているはずだ」

その場にいた客たちが、口々にユースホステルは閉鎖されたといいだした。確認のため観光案内所へ行って、直接ユースホステルへ電話をかけてみてもらったがやはり応答はなかった。とりあえず、ホテルのリストをもらって礼を述べるとその場は退散した。でもまあ、ユースホステルまで足を運んで本当に閉鎖されているかどうかを自分の目で確かめてから別の宿泊所を探してみても遅くはないだろうと判断して行ってみた。すると、何と宿には明かりが灯っているし、人もウロウロしている。受付へ行くと、「いらっしゃい！」と笑顔の女性に迎えられた。びっくりして尋ねてみると、閉鎖というのは事実だが来月からということだった。つまり、あと三日で閉鎖だったのだ。温かい夕食と一晩のベッドが確保され、まずはひと安心。部屋に入って、二人で荷物をゆっくりと下ろした。

午前五時、起床。身支度を済ませて、朝食をとらずに午前六時にユースホステルを出発することにした。玄関のドアを開けると、外は薄暗く、ひんやりとした新鮮な空気のにおいがした。今日は、今回のコースにおいて最大となる峠越えが待っている。トッゲンブルグの谷からゴツゴツとした岩山を越えて、ヴァーレン湖へ下るというコースだ。最高地点は一五三七メートルで、標高差は上りが約六五〇メートル、下りが一〇〇〇メートルという、決して楽な道程ではない。地図を見ると途中に少しわかりにくそうなところがあったので、用心のために早朝に出発することにしたのだ。

しばらく、川沿いの平坦な道を歩いた。人家もチラホラ散見できる車道を進んでいったが、その道が少しずつ登りとなっていった。

一つ、二つと人家が減り、それが途絶えるといよいよ牧草地のなかを歩く山道のコースとなった。

古い石橋のあるトッゲンブルグ

赤と白の登山用の標識をたどり、少しずつ登っていく。きつい上りだが、目に入るのは山々のすばらしい景色だし、ゆっくりと登れば激しい息切れもない。上りの苦手な敬子さんもまずまずのスタートを切った。

ようやく峠へ着いたが、あいにく少量のガスが発生していて期待したような眺望は得られなかった。すると、私たちがやって来たのとは反対側の道から二人連れのウォーカーが登ってきた。

「どこから来たのですか?」

「アムデン(Amden)です。この下の町に二週間滞在していて、毎日このあたりを歩いているんです」

「え! 二週間も!」

「私たちは歩くのが好きなので、ちっとも飽きませんよ」

二週間も同じところに滞在して毎日歩くとは……。私にできるだろうか……淡々とした日々が過ぎていくことは容易に想像できた。そして、私たちがヨーロッパを歩いて縦断していることを話すと、その二人もさすがに驚いた様子だった。

「少し下がったところに茶店がありましたよ」という二人の言葉通りに、少し下りるとスイス国旗を掲げた茶店があり、外のテーブルでは家族連れが楽しそうに歓談をしていた。

ひと休みを終えると、再び山道を下りはじめる。また、下から登山客がやって来た。かなりの年輩とお見受けする女性の四人組である。一人の女性の髪は真っ白だったが、彼女らには活力がみなぎっている様子だ。何歳くらいなのだろうか、あまりの年齢不詳さに好奇心が沸き起こってしまった。しかし、いきなり女性に年齢は尋ねにくいので、会話の糸口をつかむためにつたないドイツ語で「私は五五歳だが……」と切りだしたところ、何を勘違いしたのかいきなり「ハッピーバースデー」と四人の女性が大声で歌いだした。どうやら、私が今日で五五歳になったと思ったらしい。「あなたちは元気そうだが、おいくつかですか?」と今さら聞くこともできず、「ダンケ・シェーン」といって握手をして別れた。

標高九五〇メートルのアムデン。ホテルが点在し、観光案内所もあるちょっとしたリゾート地である。ファールン湖を見下ろす景色のよい場所で、確かに周辺をハイキングするにはもってこいのところで、ザックを背負ったハイカーたちがよく目につく。私たちの今回の旅は「スイス横断徒歩旅行」という大きな目的を成し遂げるために歩きつづけているため、たとえ居心地のよい小さな町に出合ったからといってもゆっくりと楽しむだけの時間はない。それにしても、アムデンは通過する町としては惜しいところだった。いずれ年をとって、もう少しゆっくりと時間がとれるようになったらここでのんびりと過ごしてみたいと思うところだ。素敵な場所探しをしている旅であると思えば、歩いているだけの単調な旅も結構色づいてくる。

しばらく行って、標高七〇〇メートルに位置する今日の宿泊地フィルツバッハに到着した。眼下にヴァーレン湖を見下ろし、正面には昨日越えてきたトッゲンブルグの山……なんともいえない光景である。

翌日、山を下ってヴァーレン湖からリント運河沿いに西に向かってひたすら歩く、歩く……そしてまた歩く。

ラッパーズヴィル（Rapperswil）の町の教会を通りかかったとき、結婚式を終えたばかりのカップルに出会った。新婚さんは、参列者たちから温かい祝福を受けていた。そこへ、ハト使いのおじさんが登場し、何やら祝辞を述べたあと、持ってきた大きな籠から新郎新婦へ真っ白いハトを一羽ずつ手渡した。そして、二人が一緒に手を放すと、ハトは大空めがけて羽ばたいていった。と同時に、その姿を追うようにほかの籠からも一斉に一〇羽近くのハトが舞い上がっていった。

「でも、飛ばしたハトはそのあとどうなってしまうのだろうか？　ちゃんとハトおじさんの元へ帰ってくるのだろうか……」

「大丈夫よ！　ちゃんと戻るようにしつけてあるわよ。そうじゃないと、この商売がつづけられないでしょ？」

いかにもロマンのない私たちの会話。実際にハトが戻ってきたのを確認したわけではないので、やはり今でも疑問のままだ。

その後も、花束のついた特別仕立てのバスで結婚パーティに向かう一行や、馬車に乗った新婚カップルというめずらしい光景に何度となく出会った。馬車にいたっては、車と車の間に入って進んでいるのでかなりの渋滞を引き起こしているのだが、だれ一人として文句をいう人がいない。

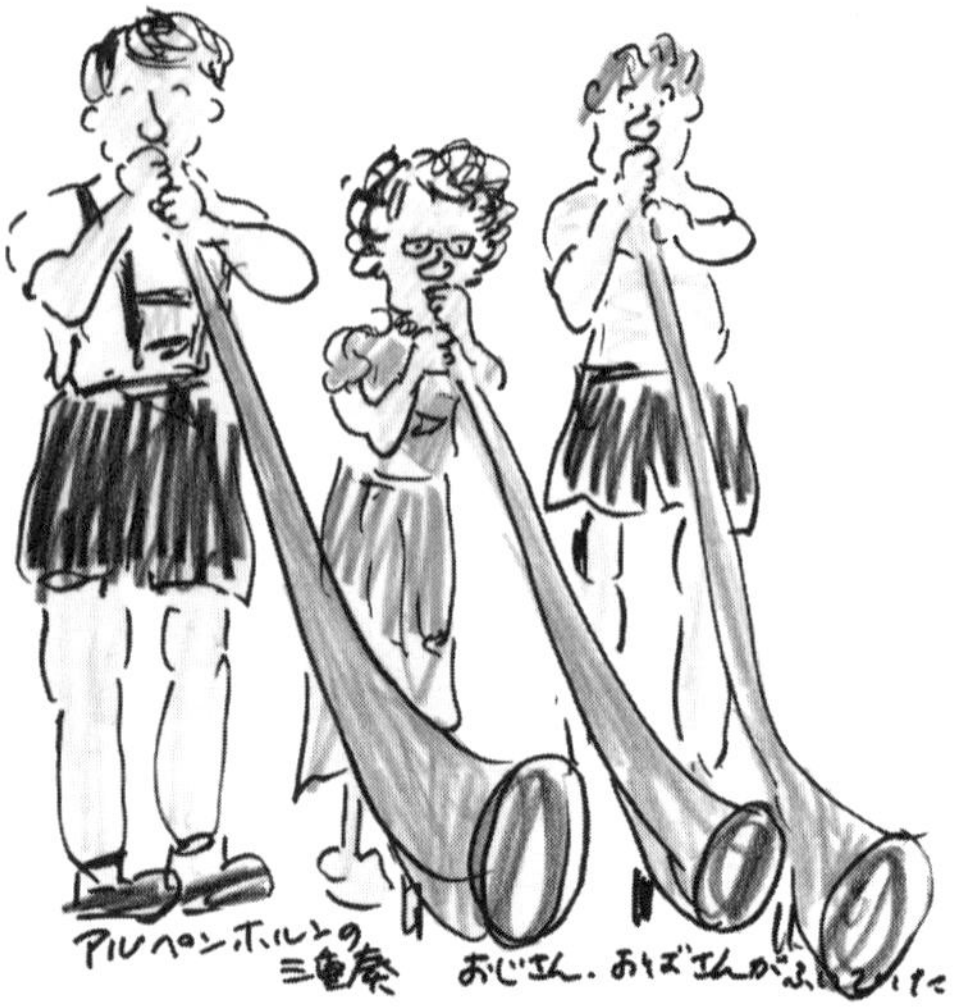
アルペンホルンの演奏
おじさん、おばさんがふいていた

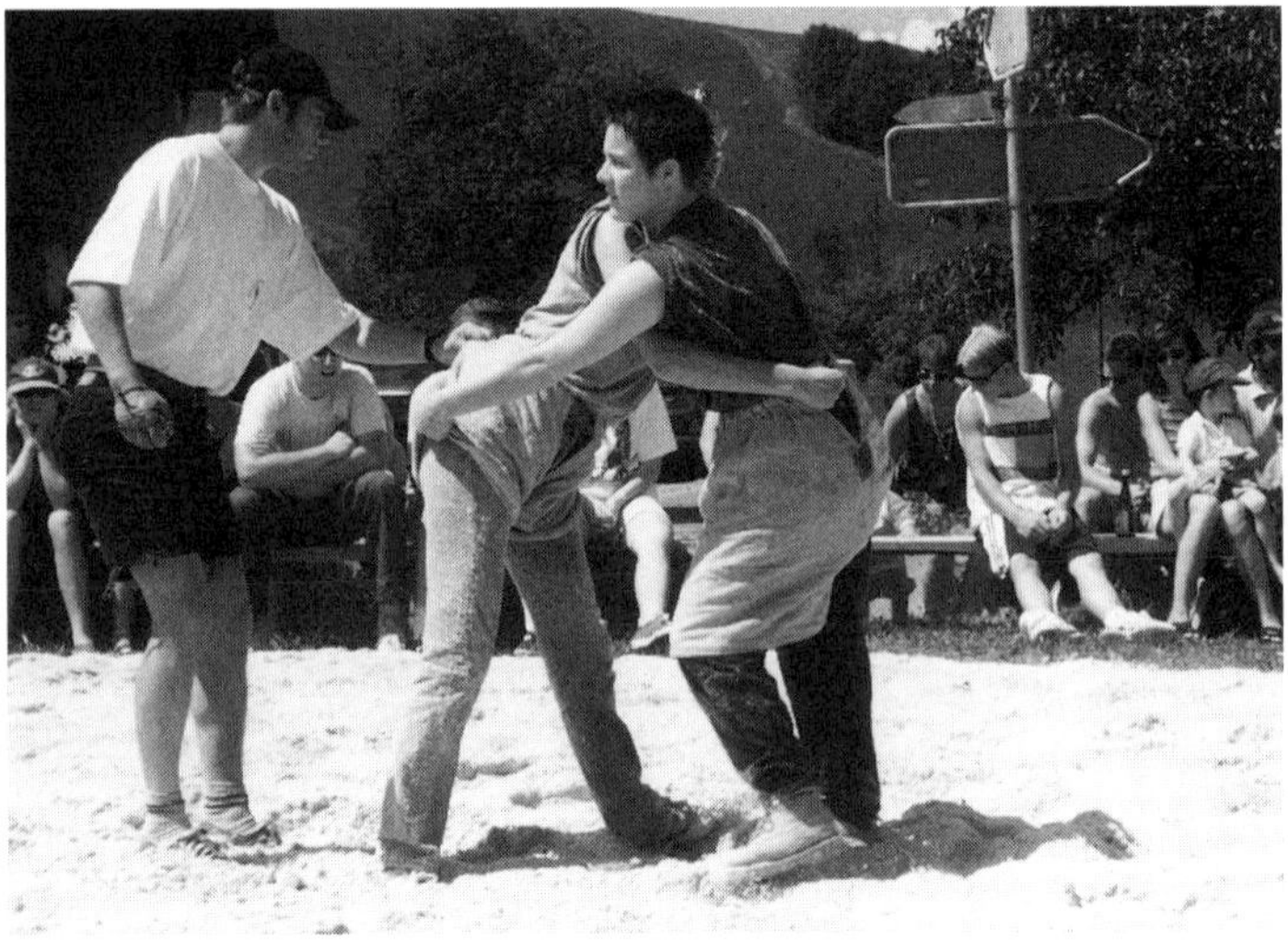

スイスの相撲

八月一日、今日はスイスの建国記念日だ。民族衣装のパレードや花火大会などの祭りが各地で開催されている。

リヒタースヴィル（Richterswil）からツーク（Zug）へ向かって歩いている途中、妙ににぎわっている村に寄った。何かと思ったら、その理由は村相撲だった。土俵の周りはすでに人だかりとなっていた。一見の価値があるだろうと、敬子さんと空いている場所を探して相撲観戦に興じることにした。土俵の隣りにはテントが張られ、生ビールやワイン、グリル・ソーセージやジャガイモが売られている。アルプホルン(2)の生演奏がはじまって、いよいよ相撲の幕開けだ。こんな間近でアルプホルンの生音《なまおと》を聴くのは初めてで、自然に囲まれた戸外に音がぶわっと広がっていった……。いかにもスイス！

最初の取り組みは女性同士で、ベルトのついた半ズボンをはいた姿で土俵に上がると、日本の相撲のような立ち会いはなく、レフェリー（行司）が両者を組ませて試合開始。土俵にはオガクズが敷かれており、レスリングのように両肩が土俵についたほうが負けというルールらしい。ビールやワインを飲みながらの観客は、やんやの歓声を上げていた。

あとで知ったが、このスイス相撲は「シュヴィンゲン（schwingen）」と呼ばれ、全国大会が行

（2）長さ三～四メートル、モミノキでつくられたスイスの民俗楽器。唇の調節のみで音色を変える。昔、牧童が生活の中で家畜への合図などに使用されていたもので、現在は休日や祭りなどで聞くことができる。奏者のほとんどがアマチュア。

われるほどの国民的なスポーツだった。羊飼いなどのように山で暮らす人々は動物を追い回したりするため、腕力が重要となる。取り組んだ相手を羊と見立てて投げ飛ばす……これがシュヴィンゲンなのだ。押し倒されて負けたほうは、オガクズだらけとなって咳き込んでいる。女子の取り組みが終わったところで私たちの休憩もタイムアウト。ザックを背負い、再び歩きはじめた。

ツークへ到着した。ツーク湖に面した落ち着いた町だ。ユースホステルでの夕食はバーベキューで、テラスは宿泊者たちでにぎわった。食後、敬子さんとツーク湖畔へ散歩に出掛けた。湖上で花火の打ち上げがあるというので、湖畔はこれまた人々でにぎわっていた。夏のヨーロッパに闇が訪れるのは遅く、夜の九〜一〇時になってから花火は打ち上げられる。私たちが出掛けた時間はまだ宵の口で、やっとはじまったバンド演奏に気分も浮かれてワインを飲んだ。ドイツと同じく、ワイングラスはデポジット制であった。

ワインというとすぐにドイツやフランス、イタリア産のものを思い浮かべるが、スイスワインもなかなかのものだと聞く。品質を守るための生産量規制があり、国内で消費をまかなってしまうので海外にはほとんど輸出されていないという。とくに、白ワインの味には定評があり、それをグッと飲み干すと身体の隅々にまでワインが浸透していくようだった。

八月二日、炎天下のなか、ルツェルンをめざして二七キロメートルをひたすら歩く。

3 ルツェルン(Luzern)〜インターラーケン(Interlaken)　(八月三日〜六日)

魔の山を越えて

ルツェルンからは南へ進み、一路ブリエンツ湖を目指して歩く。この区間にはユースホステルがないので、二分割してそれぞれの区間をルツェルン、ブリエンツのユースホステルを足場に歩きつづけることになる。

ルツェルンからはまずピラトゥス山を越える。昔から「魔の山」と呼ばれて人々から恐れられてきたピラトゥス山は標高二一三二メートルである。見上げればその姿から、人を寄せつける雰囲気のないこの岩山を人々は畏怖の念をもって「魔の山」と名付けたのがよくわかる。現在では、ロープウェイや登山電車が運行されており、山頂へ行くのも簡単となった。

私たちのコースは、頂上まで行かずにアップダウンを繰り返しながら一〇〇〇メートルあたりまで上っていき、そして下りるというもの。ピラトゥスのロープウェイ乗場を横目に登りはじめるが、ゆるい上りなので息が切れたり汗をかくほどのものではない。しばらく登ると、ファイアーヴァルトシュテッテル湖(通称ルツェルン湖)が見えてきた。ルツェルンから定期的な遊覧船が出ており、フィッツナウ(Vitznau)まで船に乗って登山電車に乗れば、ハイキングにはおすすめのリギ山頂(一八〇〇メートル)に着く。また、湖の奥にリュットリ(Rütli)という名の丘があるが、そこは、一二九一年八月一日にシュヴィーツ、ウーリー、ウンターヴァルデンの三州の代表が集まって、同盟の誓いを立てたスイス建国の地である。そして、建国七〇〇年を記念して、一九九一年にはリュットリからルツェルン湖対岸のブルンネン（Brunnen）までの約三〇キロメートルのハイキングコース「スイスの道」が造られた。

ようやく一〇〇〇メートル地点にたどり着くと、ここからは下りである。前方には、遠くザルネン湖が見えてきた。登りに比べて下りはかなり急勾配だ。途中、ピラトゥスの登山電車が通る橋の下をくぐって、アルプナッハシュタット（Alpnachstad）までなんとか下りてきた。ところが、私の後ろを歩いていたはずの敬子さんがいない。初めてのことではないので、さほど心配することもなく待ったが、彼女は現れない。何かあったのだろうか……ちょっと気持ちがザワついてきたときに

ピラトゥス山（Pilatus・標高2132メートル）

左奥の山がピラトゥスです

数々の伝説をもつ山。ピラトゥスの名は、ローマ総督ポンティウス・ピラトに由来し、総督の死後、その亡霊は各地をさまよい、あげくにこの山へたどり着いたといわれる。また、太古の昔には龍が住んでおり、1421年の夏、石を産み落とす空飛ぶ龍が目撃され、その石には病気を治す力があるともいわれている。アルプナッハシュタット駅から山頂を結ぶ赤い小さな登山電車は世界最急勾配を登るラックレール式登山鉄道で、100年の歴史をもっている。頂上から望む壮大なアルプスのパノラマは必見。

「正昭さーん！」という聞きなれた声が耳に入った。ピラトゥスの登山電車が眼下に見えたとき、思わず見とれていたらしい……。

三七キロメートルの長丁場を終え、夕方ギスヴィル（Giswil）に到着した。

一日休養日を設けて、八月五日、また歩きはじめる。ギスヴィル駅を出発し、しばらく川沿いの平坦な道を進んでいったが、やがて線路を越えたあたりから上りがはじまった。私たちの前を長身の男性が歩いていた。リズミカルに一歩一歩前に出される彼の長い足の動きはゆったりとして見えるが、いかんせん歩幅が違う。見る見るうちに私たちから離れていく。

「コースタイムは、おそらく彼のような体格の人を基準にして設定されているのだろう」

敬子さんも深くうなずいた。これまで私たちが歩いていて、地図や標識にあるコースタイム通りに歩

ルンゲルン湖。カラーでないのが残念！

けたためしがない。常に、遅れ気味だった。

森のなかの小道を上ると牧草地に出て、視界が開けた。下方にはエメラルドグリーンの湖、オレンジ色の民家の屋根に牧草地の緑、そして私たちのすぐ下を赤色の車体の登山電車が走っていく。

「スイスって、本当に絵になる国よね」

すかさず敬子さんは、スケッチブックとパステル色鉛筆をザックから取り出す。

「そうだね。やろうと思えば、一日でスケッチブック一冊分の絵を描くことだってできる国だね」

「こんなステキなところでスケッチできるのも、歩いて旅をしているからこそだわ」

敬子さんのスケッチブックに、鮮やかな色のコントラストで美しい自然の風景が描き出されていく。写真という手法で風景を切り取るよりも、スケッチで風景を描くほうを私たちは選んでいる。まさに、腰を落ち着け、一つの作業に取り組むという表現がぴったりとくる。

ときには、通りすがりの人とのコミュニケーションのきっかけにもなることもある。しかし、こんなにも私たちを感激させてくれる美しい風景が点在するスイスの国で、カメラは持参していてもスケッチの道具を持ってくる旅行者に出会うことはまずなかった。なにも、最初から大きなスケッチブック持参で頑張る必要はない。ハガキサイズの小さなスケッチブックに色鉛筆さえあればＯＫである。大きな風景をいきなり描こうとせずに、まずは身近なもので形状がはっきりとしたものを、カット程度の気持ちで描いてみるとよい。じっくりと対象物を観察して、手を動かしているうちに描くことの楽しさがきっと味わえるだろう。レストランで注文した飲み物や料理を描けば旅のいい記録にもなるし、町で見かけた標識や看板、そこに暮らす人々の横顔もいい。自分の興味の赴くままに描いていれば、いずれ対象物が自然と目に入るようになる。

美しい景色を「上手に」描こうとすればどうしても実物に負けてしまう。この「上手に」というのが実は曲者である。だから、最初のうちは身近なものを描くほうがよい。時間もかからないし、上手、下手もさほど気にならない。出来映えを気にする人もいるだろうが、上手、下手を測るモノサシは決して一つではないということを知っておこう。それよりも、対象物をじっと観察することによって見過ごしていたものが見えてきたり、見えていると思っていたものの本当の姿が実は違うものだったりと、さまざまな発見をすることが多い。

私たちは、旅先から友人に便りを出すときには、

常にハガキ大の厚手の白い紙を持参して、それに絵と文をそえて投函するようにしている。昨今、人気上昇中の絵手紙である。友人たちからの評判は上々で、けっこう喜ばれている。

「私……絵が下手だから」などといっていないで、どんどん描くことだ。もらった人はそれがたとえどんなヘタな絵でも、市販の絵ハガキにはない差出人の個性と旅の臨場感を受け取ってくれることは請け合いだ。私は、これからもせっせとこのような絵ハガキを送りつづけたい。

ブリエンツ（Brienz）の町に入る少し手前にスイス各地の民家を集めた「バレンベルク野外博物館」があったので寄ってみた。東門の入り口で二人分の入場料三〇スイス

バレンベルク野外博物館
（Schweizerisches Freilichtmuseum Ballenberg）

バレンベルク野外博物館

開園は1976年、敷地面積は80ヘクタールと広い。スイス各地域から移築、復元された約90軒の古民家が見学できる。中央スイスの民家とベルナールオーバーランド様式の民家が多い。代表的なものとして、ラ・ショード・フォンの多目的住居、アールガウ地方の大きなわらぶき屋根の民家、ラッパーズヴィルの旅籠などが立てられている。一通り眺めたという感じで約１時間、隅々まで見て歩くならば半日は必要。さらに、昔ながらの伝統製法で作るパンやチーズ、糸紡ぎなどの体験コースに参加すればたっぷり一日はかかる。レストランやカフェが併設され、パンやソーセージの実演販売もあって一日中楽しめる（11月から４月中旬までは休館）。

フラン（約二〇〇〇円）を払って園内に入ったが、先があるのでゆっくりと見学することができなかったことが残念だった。

やがて、湖畔の町ブリエンツへ入る。町へ入ってみて目につくのは木造の大きな建物で、その窓辺には彩りのある花が飾られている。ブリエンツには木彫の専門学校があり、各地より彫刻職人を目指す人々が集まってきていると聞いた。四年間の修学でマイスターの資格が取れるというが、その勉強はかなり厳しいらしい。当然のごとく木彫りの道標や看板が目立ち、木彫製品を販売する店も数多く立ち並ぶ町である。

いよいよインターラーケンまでのラストウォーク。昨晩の派手な雷雨はどこへやら、さわやかな朝を迎えた。ブリエンツの中心地を抜けて森のなかの道を抜けて車道を行くが、ここからの湖の眺めはよい。歩道はないが、車道と湖の間に少しばかりの草地があり、そこを三キロメートルほど歩いていくと車道から解放されて湖畔に出た。湖畔では水着姿の楽しそうな人たちが日光浴をしていたが、湖水は冷たそうである。

インターラーケンまではあとわずか。鉄道橋を渡って運河沿いの道を歩いていると、散歩姿の人にしばしば出会う。対岸に一軒の木造民家を見つけると、ここで本日最後のスケッチ。スケッチに専念する敬子さんを一人置いて、私は休まずに先を進んだ。ブリエンツに連泊のため、帰りの船便の時刻を調べるためだ。幸運なことに、インターラーケンからブリエンツまで船が就航しているので、旅のゴールのあとは船に乗ってゆったりとした気分に浸ることに決めた。ちなみに、インターラーケン市と滋賀県大津市は一九七八年に姉妹友好都市提携を結んでいる(3)。

インターラーケンオスト（東）の船着場に着いた。来年は、この船着場からジュネーヴへ向けての歩きをスタートさせることになる。スケッチを終えた敬子さんが足取り軽くやって来た。船着場で記念写真撮影をしたあとに、恒例の祝杯をあげるためにカフェへ入った。

「やっと完歩しましたね」

「来年もよろしく。では、カンパイ！」

二人はジョッキの生ビールで乾杯する。フーッと飲み干してお互いの顔を見ると、すっかり日焼けしていていい色になっていた。

インターラーケンにゴールイン

（3）　一九七六年八月にインターラーケン市で開かれた方圓流家元主催による茶会をきっかけに両市の交流がはじまる。ともに湖に面した町という地理的共通点も見られ、互いの友好関係は深まり、二年後の一九七八年（大津市市制八〇周年）に姉妹都市提携を結んだ。提携を結んで以来、現在に至るまで毎年のように互いの市を訪問団が訪れており、交流が続いている。

スイス編●パートII

ブリエンツ湖からレマン湖へ
谷沿いの道から峠を越えて

旅行期間：2000年７月24日～８月６日

歩行距離：インターラーケン（Interlaken）～
ジュネーヴ（Genève）
300キロメートル（通算3,325キロメートル）

スイスの歩行は、インターラーケンで東西を分割して二回に分けて歩いている。去年はボーデン湖からブリエンツ湖へ、今年はブリエンツ湖からレマン湖へと、いずれも湖と湖を結んで歩く旅となっている。日本で湖というと、山や高原のなかに静かに水を湛えているイメージが強いが、スイスではチューリッヒ（Zürich）やジュネーヴといった大都市が湖に面していて、海に面してにぎわっている横浜や神戸と似たような感じを受ける。

私たちはインターラーケンからいきなり西へ向かわずに、いったんグリンデルワルト（Grindelwald）へ寄り道をすることにした。グリンデルワルトは、日本人の団体旅行者が多いところである。そこへ寄るということは、あの集団で、ガヤガヤと来ては風景をじっくりと見ることもなくすぐ次の観光地へスタスタと足早に去っていくという、私の苦手とする集団に遭遇することにはなるのだが……。やはり、一度はその風光明媚な場所を見ておきたいと思って三日間の行程を組んだ。

1 インターラーケン(Interlaken)～シュピーツ(Spiez)　（七月二四日～二八日）

グリンデルワルトの日本人

出発からあいにくの雨。今回で八回目になるヨーロッパ縦断歩行で、初日の出発から雨に降られるのは初めてのことだ。敬子さんと二人、雨具を着込んでザックカバーを着けてグリンデルワルトへ向かう。最初の計画では標高一九六七メートルのシーニゲプラッテ（Schynige Platte）へ上り、いったん登山電車を使って出発地点のインターラーケンへ戻り、翌日、再びシーニゲプラッテからグリンデルワルトへ向かうつもりだった。でも、この雨である。苦しい思いをして頂上へ立ったとしても上からの眺望はきかない。そこで、予定を変更して真っすぐにグリンデルワルトへ向かうことにした。幸いにも鉄道と川に沿って歩くコースがあるので、車道を歩かなくてもすむ。それに、距離も二〇キロメートル程度なので一日の行程にはちょうどよいし、大きい荷物は宿へ置いてきてあるので背中にしょった小さなデイパックが一つで気楽に歩けそうだ。

川沿いを歩くコースはなかなかよい。途中、屋根付きの橋をいくつも見かけたが、これが雨宿りをするのに好都合だった。

インターラーケンの南約五キロメートルにある町ヴィルダースヴィル（Wilderswil）からは登山電車が運行されているが、もちろん私たちは歩く。この道は、アイガー、メンヒ、ユングフラウの三名山の勇壮な姿を正面に望みながら行く絶好のルートで、ハイカーでにぎわっている。

雨は次第に小雨となり、前方の視界が開けてきたと思うと急に雲間から雪山が顔を現した。通行中の女性に聞くと、「ユングフラウ」だと教えてくれた。川沿いの歩く道は、たまに通行人に出会うくらいで静かなものだ。途中、南下するラウターブルンネン（Lauterbrunnen）方面と西へ行くグリンデルワルト方面行きの鉄道分岐点があり、ここからは歩くコースが舗装された道路となってヴェッターホルンの山が見えた。

いったん川を渡り、再び森のなかの山道がつづく。グリンデルワルトは近いのだろう。歩く人たちも多くなり、家族連れやグループの姿に頻繁に出会うようになる。雨は降ったり止んだりで、ときおり太陽が顔を出したと思うとすぐにまた雨が降り出すといった天候で、雨具を手放すことができない。森を抜けると急に前方が開け、緑の草原のなかに町が出現した。グリンデルワルトだ！　すぐに右側にアイガーの姿が目に飛び込んでくると、私は一瞬ハッと息をのんだ。明日からの三日間、このような風景のなかを歩けるのかと思うと胸の高鳴りを感じた。

グリンデルワルト散策の一日目は、バッハアルプゼー(Bachalpsee) を歩いた。

大きい荷物はグリンデルワルト駅のコインロッカーに入れ、午前一〇時に出発。バッハアルプゼーは標高二二六五メートルだから、標高差にして約一二〇〇メートル、距離にして八キロメートルを登ることになる。最初のうちは、あたり一面の草原のなか、黄色い道標のハイキング用の道

をゆっくりと気持ちよく歩いていた。振り返れば、アイガーが間近に迫ってくる感じだ。そして、私からずっと遅れてゆっくりと登ってくる敬子さんの姿も目に入った。

途中、眺めのよい小屋で休息をとる。小屋の持ち主に「バッハアルプゼーまであとどのくらい？」と尋ねると、「三時間くらいかな」という。もう一時間も歩いているのに、さらに三時間もかかるのか……。車道を横切ると、道の勾配はだんだんときつくなってきた。道端に並ぶ最後の建物を過ぎると行く手に岩山が現れはじめ、道標も黄色いハイキング用のものから赤と白のペンキで描かれた登山用のものに変わった。

少し歩いては、遅れて来る敬子さんを待った。何度かそんなことをしていると、キョロキョロしている敬子さんの姿が目に入った。その顔は「もう嫌だ」といっていた。ここからは彼女のペースで進むのがいいと判断して、「これあげるから先に行って」といってスイスのチョコレートを手渡したら、気を取り直して敬子さんは頂上へ向けて再び

バッハアルプゼーから見たヴェッターホルン

歩きだした。

スタートしてから四時間、やっとの思いでバッハアルプゼーに到着。美しい湖の姿に心が洗われるような気分だ。多くのハイカーたちが湖畔で休憩をしていたが、彼らに「下から歩いてきた」といったらみな一同に驚いていた。わざわざ苦しい思いをして登る私たちの気持ちは、ゴンドラに乗ってさっさとやって来る彼らにはわからないだろうな。フィルスト（First）まで歩き、レストランに立ち寄ってビールで祝杯。

二日目、クライネ・シャイデック（Kleine Scheidegg）を経由してラウターブルンネンまでの一八キロメートルを歩くことにした。昨日のような急な登りはなく、登山電車の線路沿いをゆっくりと登っていく。絶好のハイキング日和のせいか、歩く姿の人も多い。行動食用のサラミと野菜を買うためにグリンデルワルト駅前のスーパーへ入った。並べられていた野菜に手を伸ばした敬子さんに、「サワラナイデ！」という叱責の声が飛んだ。

はっきりとそう聞き取れる日本語であった。近くで野菜を並べていた店員の女性が彼女に注意したのだ。「すみません」と思わず日本語であやまった敬子さん。スーパー内をよく見ると、「触らないで下さい」と手書きの貼り紙で書かれた注意書があちこちの棚に貼られていた。日本語以外の貼り紙が見られないので、よほどマナーの悪い日本人がこの店に来たのだろうと二人で推測した。しかし、後味の悪さが残った。壮大な自然の懐に抱かれて気を取り直して出発。

アルピグレン（Alpiglen）まで歩き、眺望のよいレストランで一息入れる。クライネ・シャイデックからアルピグレンまでの道は、車が通行可能なほどの幅広い道へと変わり、小さい子ども連れのファミリーやかなり年配の老夫婦がウォーキングを楽しんでいる。およそ五キロメートルの、三時間程度のほどよいウォーキングコースである。

クライネ・シャイデックは標高二〇九一メートルで、昨日のバッハアルプゼーよりは低いが鉄道が通っており、ユングフラウヨッホへの登山電車の乗換駅ともあってホテルやレストランが立ち並んで大勢の人でごった返している。とくに、日本人の団体客がよく目立つ。今日も、駅前にある仮設の店で私たちがビールを飲んでいると、二〇人ほどの日本人の団体客が二グループ入ってきて慌ただしく食事をしていった。隣で飲んでいたヨーロッパ人が、「こんなに日本人が多いなんて異常だ」とブツブツ独り言をいっていた。

三日目、前日に登ったクライネ・シャイデック

正面にアイガーを見る

私たちの旅スタイル、徒歩旅行のススメ

本来の徒歩旅行は、スタートしたらゴールまでは一切乗物を使わずに歩き通すのが原則である。だが、宿がうまくつながらない場合には、無理をせずに乗物をうまく使うことにしている。とくに、私たちの場合はユースホステルにこだわっているので、どうしても無理な場合が生じる。

「歩くのはいいけれど、重い荷物はどうもねぇ」という人は、乗物をうまく併用した方式がおすすめである。とくに、初めてヨーロッパを歩こうとする場合は、最初から大荷物を背負って連続して移動しながら歩く旅よりも一ヵ所に滞在して歩くほうがよい。鉄道やバスの交通網が発達しているので日帰りで行ける範囲も広く、ユーレイルパスなどの鉄道フリーパスを使えば切符を買うというわずらわしさもない。

確かに、ヨーロッパはキャンプ場も発達しており、体力さえあればキャンプ用具を一式背負って歩きつづける旅も可能だ。しかしそれは、かなりのウォーキング経験を積んでからのこと。最初のうちは一つの宿に泊まり、その周辺を歩くことをすすめる。これならば、パッケージツアーでフリープランの多いものを選べば、ワンデイウォーキングを楽しむことができる。宿泊地をつないで長距離コースを歩くのは、その次のステップとしよう。

最初から、いきなり「ヨーロッパの田舎町を歩こう！」では腰も自然と重くなる。ツアーを利用するのは、いわば「個人での歩く旅」という本番へ向かってのリハーサル。自分が友人たちあるいは家族を連れて、旅行のフリータイムで田舎町の旅を企画する立場であるという想定にして、どこへ行くのか、どこへ泊まるのか、どこで資料が入手できるのか、切符はどうやって買うのかなど、実際に現地で試してみるのだ。練習だと思えば何回間違えても気にならないし、最初は見知らぬ土地で何一つわからなくても、失敗を繰り返しているうちにわかってくるようになる。

そのうち、地図を見ながら、「自分の旅」を描くことができるようになる。縮尺5万分の1か10万分の1の地図を見ながら自分の頭でルートマップを作成して、いろいろなことをイメージしながら旅の計画を練る。ここから、旅はすでにはじまっているのだ。

まで電車で登り、さらに乗り継いでラウターブルンネンまで行く。本日は快晴なり、この三日間のうちで一番よい天気だ。車内に乗客はほとんどいない。ヴェンゲン（Wengen）付近の車窓からは、堂々とした風格のユングフラウヨッホが窓いっぱいに見える。次第に電車は谷底へと下っていき、その景色もまたすばらしい。ようやく、本日の歩行のスタート地点であるラウターブルンネンへ到着した。ここから、川沿いのアップダウンのない景色のよい道を九キロメートル歩く。どうやら、このコースは年配の人向きらしく、いくつもの老カップルに出会った。しばらくして、インターラーケンの南に位置するヴィルダースヴィルに到着した。

七月二八日、三日間歩いたグリンデルワルトを離れて旅のコマを先へ進める。列車に乗ると、ツアー旅行中の日本人女性二人と一緒になった。何やら真剣な表情で時刻表を見つめている。話しかけると、今日は自由行動の日で、晴れていればハイキングする予定だったがあいにくの雨なので、ベルン（Bern）まで行って町をぶらつくつもりだという。

「ベルンよりもその途中にあるトゥーンのほうがここから近いし、町も小さく、お城などの見所もあるので絶対におすすめだよ……」

あとはいつもの能弁さを発揮し、気がつけばおすすめの箇所や旅行術の講義に突入していた。

「……スイスは国が小さく、鉄道などの乗物が発達しているので、一ヵ所から日帰り旅行をするほうがいいですよ」と言い残して、昨日のゴール地点であるヴィルターズヴィル駅で私たちは降りた。

ヴィルターズヴィルからシュピーツ（Spiez）をめざして、ここからは西へ向かった。小さな山を一つ越えて、あとはテューン湖畔沿いの歩くコースを進む。道は湖畔よりも少し高い位置の草原のなかを通っているので、快適で眺めがよい。山の風景もすばらしかったが、心のざわめきが静まり返るような湖の風景もまた格別である。

相変わらず、雨が降ったり、太陽が顔をのぞかせてみたりの気まぐれな天候。私たちも、雨具を着たり脱いだりで忙しい。湖の反対側に存在していた厚い黒雲は、どうやらこちらのほうも飲み込もうとしてじわじわと広がってきている。急に風が強くなり、今まで静寂を保っていたテューン湖がまるで海のように波立ってきた。もうすぐシュピーツというところで雷鳴が轟き、とすぐに雷雨に見まわれた。突風に大粒の雨……慌てて近くの小屋へ逃げ込んだ。そして、シュピーツまでの最後三〇分はずぶぬれの歩行となってしまった。

2 シュピーツ(Spiez)~ヴヴェイ(Vevey)　(七月二九日~八月二日)

フランス語圏へボンジュール

明日は日曜日で商店がすっかり休みになってしまうので、宿泊地であるブリエンツのCOOP(生活協同組合)で二日分のパン二〇個を購入する。列車に乗りこみ、インターラーケン経由でシュピーツ駅へ向かう。このシュピーツ駅は高い場所にあるので、駅前からはテューン湖とオーバーホーヘン城が見える。昨日は悪天候にたたられて一枚もスケッチをすることができなかったので、まずは駅前のベンチに座って城と教会と湖の風景を描いた。

今日は、シュピーツからボルティゲン（Boltigen）までの二七キロメートルを歩く。ヴィンミィス（Wimmis）を通過してしばらく行くとゆるやかな上りとなり、その道を上りきると「ジンメンタール（Simmental）」と呼ばれる谷底で、川沿いの道に出る。川の両側沿いに広がる牧草地では牛たちがのんびりと草をはんでいて、そのなかに集落が点在しているというひどく牧歌的な風景である。「タール（tal）」とは谷のことで、複雑に入り組んだ谷と大きな岩盤のある道沿いは古民家の宝庫のようで、花や彫り物で美しく飾られた木造の大きな家がどっしりと立っているのを頻繁に見かける。昨年行ったブリエンツ郊外の、バレンベルクの野外民家博物館を彷彿させる。

雲行きが怪しくなりだした。今日もまた雨か……今回

の旅は本当に雨天が多い。屋根のある橋で少し休んだが、あまりのんびりともしていられないので雨のなかを再び歩きはじめる。しばらく歩くと、木陰に自転車を止めて休憩している一人の女性がいた。「ハロー」と挨拶をすると、いきなりペラペラと楽しそうに英語で話しかけてきた。残念ながら、何を言っているのかすべてを理解できない。しかし、その表情を見ているだけで、この人はとにかく幸せなのだろう、ということだけは感じられた。ひとしきり話を聞き終えたあとで、「僕は五七歳でね、東京に住んでいる。バーイ！」といって先へ進んだ。

歩きだすと、後方よりヨーデルの歌声が聞こえてきた。振り返ると、彼女が歌いながらこちらに向かって手を振っているではないか。私たちも、手を振ってヨーデルにこたえた。雨模様の天気だが、彼女のおかげで心のなかは愉快に晴れわたった。

陽差しがまぶしい。昨日とは打って変わって本日は晴天、太陽の光が朝から射している。午前九時三〇分ごろから歩きはじめる。川沿いの道をゆっくり歩いていると、後方よりヨーデルを口ずさみながら自転車に乗っている女性が近づいてきた。

「あ！　昨日のヨーデルおばさんっ！」と、私たちは一緒に叫んだ。

「また会いましたね。もうとっくに先のほうへ行ったと思ったのに」

「昨日は雨だったので、農家のわら小屋で寝ました。だって、あの雨でしょう？　雨具もテントも持っていなかったし……」

見れば、確かに彼女の自転車には小さな荷物が一つくくりつけられているだけで、まるで近場へ買い物に行くといった様子である。シュラフもなく、きっとどこかの農家のわら小屋へ入り込み、そのまま横になって朝を迎えたのだろう……まったくもって勝手な憶測だが。

「ミセス！　一緒に写真を撮りましょう。きっとこんなステキな出会いはそうないでしょうから。ついでにお聞きしたいのですが、あなたはいったい何歳なのですか?」と、思いきって尋ねてみて驚いた。

「え?!　一九三四年生まれだって？　すると六五歳！　この年齢で、一人で野宿をしながらの自転車旅行！」

私たち夫婦は、大きな荷物を背負って長距離の徒歩旅行を行っているぐらいだから、同世代の日本人に比べればまだまだパワーは健在であると自負している。しかし、あと一〇年もすれば、今のように重たい荷物を背負っての長距離歩行はつらいものとなるだろう。彼女のような年齢になって、あのように一人で自転車を使って気軽に旅行へ出掛けていけるだろうか。まぁ、そのときはそのときで、荷物を減らして距離も短くして自分の力にあわせて歩けばよいか。

前方には、目的地のザーネン（Saanen）が見えてきた。眺めのよい草原の道を進んでいく。左手奥、はるか遠方にはアルプスの山々も顔をのぞかせている。ザーネンの奥にはリゾート地として名高いグシュタート（Gstaad）があり、冬場はスイス各地からスキーヤーが集まってきてにぎやかな町になる。それに、高級ホテルの多いところでもある。

陽気なおばさんと敬子さん

ベルナー・オーバーラント様式の民家

ザーネンには古い木造の建物が多く見られる。ベルナー・オーバーラント地方特有の建物で、深い切り妻造りの巨大な屋根が覆いかぶさっている迫力ある民家で、最古のものは一六世紀といわれている。私たちが宿泊したユースホステルもそのような建築の民家で、周辺の風景に見事に溶け込んでいた。

「あら、とってもステキじゃない!」と、喜ぶ敬子さん。私たちの部屋は最上階の四階で、窓からは堂々としたアルプスの山々が見える。木の香りがたっぷりの屋根裏部屋に赤と白の格子柄のベッドカバーが映え、スイス人の家庭に泊めてもらっているような感じである。

「私、一度こういう部屋に泊まりたかったのよ。ちょっと、ハイジになった気分だわ」

敬子さんは部屋からのアルプスの風景が気に入ったらしく、夕食までにはまだ少し時間があったので、窓際まで椅子を運んで早速アルプスの風景をスケッチブックに描きはじめた。

敬子さんは、一回の旅行でおよそ二〇数枚のスケッチを描く。A4サイズの画用紙にまず輪郭を筆ペンで描き、パステルの色鉛筆で色づけをしていく。擦筆《さっぴつ》(1)を使って紙へ擦り込んで、定着液をかけて出来上がりとなる。一枚仕上げるのにかかる時間は三〇~四〇分くらいで、比較的早く仕上がる。一回の歩行で二〇枚を目標としているため、今回のように一三日間の場合は一日で二枚を描かなければならない日も出てくる。一日の歩く距離が長ければゆっくりとスケッチの時間がとれない

(1) パステル画やコンテ画などの細かい部分をぼかすときに使うパルプ素材の棒。木炭のぼかしにも多用される。

し、雨が降っている日は描けないので、スケッチが重荷とまではいかないが時として負担となる場合もある。しかし、スケッチを描くことはやはり歩くうえでの大きな楽しみであり、励みにもなる。あちこちでスケッチをする人の姿が増えれば増えるほど、その土地の人との交流が深まっていくように思う。

ザーネンのユースホステルには二泊した。翌日は、ここからシャトーデー（Château-d'Oex）まで歩く。シャトーデーへ入ると州はベルン州からヴォー州へ変わり、言葉もドイツ語圏からフランス語圏になって、「歩く道」を表す標識もドイツ語の「ヴァンダーヴェーグ（Wanderweg）」からフランス語の「ツーリズム・ペダストゥル（tourisme pédestre）」へと変わった。通りがかりにすれ違う人々との挨拶も「モルゲン（Morgen）」から「ボンジュール（Bonjour）」になる。

言葉は変わったけれど、シャーレと牧草地だけは変わらずにどこまでもつづいている。夕刻、本日のゴールであるアリエール（Alliere）駅へ到着するが、小さな駅に人の気配はまったくなく静まり返っていた。

今日は八月一日、スイスの建国記念日だ。そして、私たちもめでたく休養日なので、チーズで有名なグリュイエール（Gruyères）[2]へ出掛けた。急に思いついたプランなので観光案内所の人に行き方を尋ねると、係員はコンピュータの画面に向かってキーを叩いてグリュイエールまでの列車のタイムテーブルをまたたく間にプリントアウトしてくれた。スピーディなのでありがたいのだが、私はどうも古いタイプの旅人のようで、時刻表を見ないとなんとなく落ち着かないし安心もできない。手にした紙をじっと見て、「これが時刻表だぞ」と自分にいいきかせた。

グリュイエールから戻り、宿で夕食を済ませて役場前の広場へ出掛けるとすでに大勢の人が集まっていた。山里の村シャトーデーではどんな催しをするのだろうか、興味津々だ。音楽隊を先頭に民俗衣装を身にまとった人たちのパレードがつづいたあと、小さな熱気球が現れた。一九九九年には、この地を出発した熱気球が無着陸の世界一周旅行に成功していて、毎年一月には国際熱気球週間なるものが開催されているようだ。

役場の前でセレモニーがはじまり、町長の挨拶のあとに子どもたちによるスピーチが行われた。なんとそのスピーチは、英語、ドイツ語、イタリア語、スペイン語、そしてフランス語で行われ、集まったギャラリーからはやんやの喝采とともに拍手が鳴りやまなかった。その日、花火の音や歓声が夜半過ぎまでにぎやかにつづいていた。

一夜明けて今日は峠越え。アリエールから歩きはじめ、標高八〇〇メートルのモンボヴォン(Montbovon)に着くとようやく山道がはじまる。ここから谷沿いに登り、標高一五一一メートル

(2) スイス西部、フランス語圏にあるグリュイエール地方を産地としたチーズ。その歴史は一二世紀にまでさかのぼり、冬の寒さの厳しい地方ならではの保存食として、日常生活に欠かすことのできない食べ物であった。スイス国内では、エメンタールに次ぎ生産量は二位。スイス政府はエメンタールやグリュイエールなどの輸出量の多いチーズに関しては、原料となる牛乳は無農薬の牧草と無添加の飼料を食べた牛からのもの、それも無添加の生乳であることと規定している。

のコルダモン（Col de Jamon）を経てジャズ・フェスティバルで有名なモントルー（Montreux）に至るおよそ二〇キロメートルの道程を行く。最初は谷沿いのゆるい上りの車道を行く。そして、いよいよ山道へと入っていった。所々林道をショートカットしながら登っていくが、道標はきちんと付けられているので安心して歩ける。広がる草原のなかを、牛たちがのんびりと放牧されている。それを横目に見ながら、私たちはひたすら歩く。

途中、水場から冷たい涌き水が出ていたので口にしたが、これが「うまい！」。昨日ほどの快晴ではないが、今日も暑い。

峠にたどり着くと、レストランやカフェが数軒あった。ここまでは、モントルー側より車で来られるらしく、道路はきちんと舗装されていた。私たちはカフェレストランへ入り、コーヒーを二つ注文した。すでに汗はひいていて、気温は少し寒いくらいだった。美しい自然に囲まれて一服をして、温かいコーヒーを口にするとなんとも幸せな気分となるが、その幸せは束の間だった。先ほどまで晴れていた空は急に発生したガスに覆われ、とうとうまったく視界がきかなくなってしまった。早々に休憩を切り上げて下山を開始した。天候がめまぐるしく変わるなか、峠から最初の集落であるレザヴァン（Les Avants）まで一気に下った。そして、レザヴァン駅構内で雨宿りを兼ねて休憩をしてから再び歩きだした。

「あっ、あれがレマン湖だ！」

しばらく歩き、遠くに見える湖を先に見つけたのは敬子さんだった。

途中で立ち寄ったカフェのお姉さん.

レマン湖の湖畔に広がるぶどう畑

3 ヴヴェイ(Vevey)~ジュネーヴ(Genéve)　(八月三日~六日)

レマン湖沿いのぶどう畑の道を行く

私たちのスイスを歩く旅も、あとはレマン湖沿いにジュネーヴまでの道のりを残すのみとなった。

レマン湖は、広さ五八〇平方キロメートル、ヨーロッパ最大の湖で日本の琵琶湖よりは少し小さい。三日月の形をしていて、北側はスイス、南側の大半はフランスに面している。定期船が運航されていて、スイス、フランスの両方の町を寄っていく。ジュネーヴから終点のサン・ジェンゴルフ(St.Gingolph)までは船で六時間ほどかかる。日本の湖にも遊覧船はたくさんあるが、こんなに長時間の船旅はない。スイス側とフランス側の主要な町をのんびりと周遊していくので、どうしても時間がかかるのだ。

ボーデン湖畔をドイツの田舎町風ととらえれば、レマン湖はフランスの超高級リゾート地といった感じである。のどかな自然の風景を歩きつづけてきた私たちを、モントルーの高層ビルや近代的ホテルが完全に圧倒していた。

ヴヴェイ(Vevey)の観光案内所で、「ワインの小道」とでもいうべきコースマップ入りのパンフレットをもらった。レマン湖周辺に広がる丘陵地にはぶどう畑がつづき、ワイナリーがいくつも点在していて、そこをめぐるコースである。シオン城からはじまり、ローザンヌ（Lausanne）近くのウーシー（Ouchy）のオリンピック博物館までの全行程はおよそ三二キロメートル、約八時間のロングコースだ。このコースは、GT（Grand Traversée）マークを見ながら歩けばOK。レマン湖畔の町をつないで歩く道なので区間ごとに歩くこともでき、短いものでは二〜五キロメートルほどのショートコースもある。地図は絵地図となっていて大変わかりやすく、ワインを飲ませてくれる場所にはワイングラスのマークが施されてある。レマン湖沿いのぶどう畑からも、味のよい白ワインが生産されているようだ。

　私たちにとっては、ドイツ・モーゼル川沿いのウォーク以来、久しぶりのぶどう畑のなかを行くウォークとなった。途中の町リヴァ（Rivaz）では、ワインをつくる家が軒を連ねていた。ワインを生産するところというとつい大きな工場を連想してしまうが、このあ

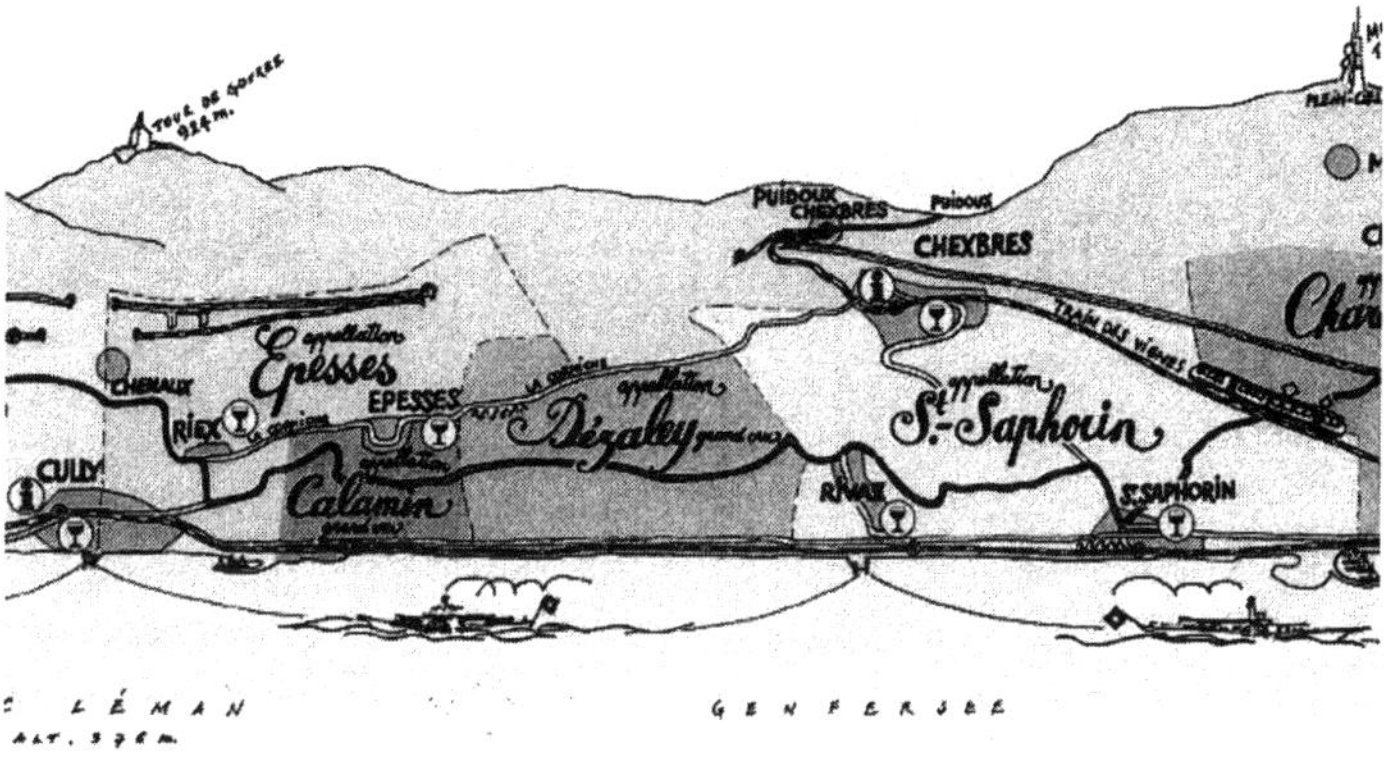

ワイングラスのマークが記されている絵地図

たりでは一軒一軒がぶどう畑を所有し、そのぶどうで自家製ワインをつくっているようだ。ぶどう畑の道は高台にあるので眺めがよく、一般車が進入してこないので快適である。そして、クリー（Cully）でぶどう畑の道からはずれ、湖畔伝いにローザンヌを目指した。湖畔へ下りると人が一人やっと通れる幅の道が伸びていて、交通量の多い道路を歩かずに行ける。

雨が降ったり止んだりの今日の天気も、とうとう激しい雨粒を落としはじめた。とにかく、今年の旅は雨が多い。道の途中に都合よくテントのある売店があったのでコーヒータイムをとることにした。ここのマダムは、一九七〇年に開催された大阪の万国博覧会のときに日本へ行ったと話してくれた。温かいコーヒーと気さくなマダムとの会話の休憩に別れを告げると、再び私たちは雨のなかを湖畔沿いに黙々と歩きだした。

すると、「オリンピック博物館」の前に出た。ご存じのように、ローザンヌはＩＯＣ（国際オリンピック委員会）の本部がある都市である。博物館の入り口には、歴代オリンピック開催地の都市名が彫られた石板が掲げられていた。もちろん、そのなかに一九六四年に開催した「東京」の文字を見つけることができた。ローザンヌのユースホステルまであと三キロメートルのところだ。

重いドアを開けると広い清潔なロビーに出て、その向こうにはレセプションが見える。ローザンヌのユースホステルは最近新しく建てられたもので、別名「ジュノテル」といって、若者向けの都市型ホテルといった趣の宿泊施設となっている。部屋は広々としていて、ツインのベッドが並んでいた。テーブル、シャワー、トイレが備え付けられているのを見て、「これなら、まるっきりホテルと同じだねぇ」と一言。

都市部のユースホステルは、こうしたスタイルがこれからの主流となっていくのかもしれない。ひと休みして、ローザンヌの旧市街へぶらりと出掛けた。坂道の両側には、有名ブランドのブティックが軒を並べていた。

翌日、ジュノテルから歩行をスタートした。連泊なので荷物は軽いし、気分も軽い。レマン湖畔沿いの小道をテクテクと歩いていくと、やがてモルジュ（Morges）の船着場に到着した（午前一〇時）。

モルジュは比較的大きな町で、四月にはチューリップ、五月にはアイリス、七月からはダリアと、寒い季節以外は花の絶えることのない美しい町だ。敬子さんが船着場の様子をスケッチする間、行動食を調達しに出掛ける。ショッピング袋を手にした買い物帰りおぼしき婦人を見かけたので、彼女の来た方向へ行ってみると規模の大きいＣＯＯＰを発見。パンとハム、そして果物といったお決まりの品物を購入する。

スーパーの書籍売り場で『RANDONEE ET TREKKING』というタイトルの、フランス語で書かれた本を買う。私はフランス語をまったく理解していない。そんな人がチンプンカンプンなフランス語の本を買っても無駄と思われるだろうが、これはフランス語を勉強するための教科書と思って買った。自分の興味のある分野から入れば、外国語を理解するのは当然早くなる。何といっても興味のある事柄には好奇心がわくから、自然と身体に言葉が染み込んでいく。購入した本は山旅のマニュアルだから、私自身わかっていることも多く、図や写真もたくさん掲載されているので見ているだけでも楽しい。そのうち、時間をかけて読み込もうという楽しみ（苦しみ？）が私を待っているのだ。

モルジュからは湖畔のコースを離れて少しずつ標高の高いほうへと歩いていった。眺めも次第によくなり、ぶどう畑が多くなった。相変わらず天候には恵まれず、今日も雨が降ったり止んだりの変わりやすい天候だ。雨具を脱いだり着たりと、今回ほど雨具の着脱に忙しい旅はない。昼からは雨が上がったものの肌寒い状態だ。しかし、雨が上がったせいか、人々は三々五々と散歩に出はじめていた。目的地のローレ（Rolle）まで歩くと、帰りは電車で宿泊地であるローザンヌまで戻った。

八月五日、ローレからニヨン（Nyon）(3)までの一八キロメートルを歩く。今日も一日雨模様だった。

最終歩行の日の朝、やはり太陽は現れなかった。グリンデルワルトでの晴天が懐かしい……。しかし、宿泊地であるジュネーヴから電車に乗ってニヨンへ着くころには雨がすっかり上がった。

ニヨン近郊の住宅街で通りかかった家の柵に、「犬に御注意下さい」という日本語の小さな看板があったので二人で顔を見合わせてしまった。なんか不思議な感じだ。さらに歩きつづけて道端で休憩をとっていると、通りがかりの男性に「もう少し行くとカフェがあるよ」と教えられたので重い腰を上げて歩いていくと、彼のいう通り小ぢんまりとした家庭的な雰囲気のレストランがあった。迷わずビールタイム。店の入り口では九官鳥の出迎えがあり、私たちに向かって何かいっている。

「あれ⁉ 日本語をしゃべってるよ、この九官鳥」

敬子さんと二人で九官鳥のゲージに寄ってみると、確かに「コンニチハ！」と九官鳥は日本語で挨拶をしている。まさか！ 私たちが日本人とわかって挨拶したのでは……ないだろう。さらに九官鳥は、「ワッハッハッハ」と店の主人の大らかな笑いを真似するので、こちらもつられて笑ってしまった。残念ながら「コンニチハ」を覚えたいきさつはわからなかったが、心和むひとときだった。

ジュネーヴに着いた。湖畔には仮設の遊園地があり、すごい人出だ。みな、雨の多かった今夏の憂さを晴らすようにはしゃいだり日光浴をしたりと、思い思いに夏を謳歌している。駅のスーパーでジュネーヴ産のワインを買ってユースホステルで祝杯をあげる。今回も、無事に歩き終えた。

（3） 紀元前四五年にシーザーが北伐の拠点として造った町。発掘された多くの出土品は、市内のローマ博物館で見ることができる。町の中心には一二世紀に築かれ、一六世紀になり大改修されたニヨン城が建ち、城のテラスからはレマン湖が見渡せる。

フランス編●パートⅠ

キャンプをしながら、
フランスアルプスの山麓を行く

旅行期間：2001年7月21日〜8月7日

歩行距離：ジュネーヴ（Genève）〜
グルノーブル（Grenoble）
330キロメートル（通算3,645キロメートル）

デンマークからはじまった私たちのヨーロッパ縦断の歩く旅も、ドイツ、スイスを通過して、いよいよ最後の国フランスへと突入した。今回のコースはフランスアルプスのエリアを通るから、かなりのアップダウンが予想される。しかも、ドイツやスイスのようにユースホステルが連続的にネットワークされていないので、テントを背負っての歩行になる。

フランスを歩いて旅するのは初めてなので手元にある情報も少なく、そのうえ先ほど記したようにフランス語となるとまったくのお手上げ状態だ。「登山でいえば、今までの八回の歩きがアプローチで、これからがいよいよ本格的な登りになる」と心に言い聞かせて、私たちはフランスへ向かった。

パリ・リヨン駅（Paris・gare de Lyon）からTGV[1]に乗った。ジュネーブまでは約三時間、いよいよフランスの歩く旅がはじまった。

レマン湖の噴水

1 ジュネーヴ（Genève）～モルジン（Morzine）　（七月二一日～二六日）

フランスでのキャンプは初体験

一年振りのジュネーヴ。ジュネーヴ名所となっている湖上の噴水を左に見ながら歩きはじめた。昨年、ここにゴールしたのがかなりの昔のような気がする。

フランスとの国境の町へ向けて湖畔伝いを歩く。途中までは遊歩道を歩き、やがて湖と別れて車道を進む。レマン湖のほとりは高級住宅地らしく、大きな屋敷が点在していた。橋を渡ると国境の検問所だが、係員のいる様子がない。自動車も、徐行することなく走り抜けていく。そういえば、ドイツからスイスへ入ったときもフリーパスであった。

国境より三キロメートルほど歩いて、最初の宿泊地シェン・スール・ルマン（Chens-sur-Leman）に着いた。この日の宿泊はフランスでは初めてとなるキャンプ、どうなることやら……。幸いにもキャンプ場はすぐに見つかったが、受付の建物はキャンピングカーを利用したもので、そ

（1）（Train à Grande Vitesse）フランス国鉄が世界に誇る超高速列車の略称。一九八一年、パリ～リヨン間で開通した当時の最高速度は時速二七〇キロメートル。現在では時速三〇〇キロメートルで、南東線、アトランティック線、北線の三路線を走っている。ただし、専用路線ではなく在来線を利用する路線も多く、その場合のスピードは落ちる。

のなかへ入ってみると人の姿がない。少し待つと、鼻ヒゲを生やした係りの男性が帰ってきた。「一泊、小さいテントで二人」と言うと、すぐに手続きをしてくれた。料金は一泊二人で四七フランスフラン（約七〇〇円）とかなり安い。

「どこでも空いているところに張っていいよ」

私たちのように小さいテントならたいしたスペースもとらないので、飛び込みでもまったく大丈夫のようだ。私たちが持ってきたのは、「ツェルト」[2]という軽テントにシュラフとマットだけ。荷物をできるだけ軽くしたいので、ポールも一本にペグも六本。雨の日はキャンプをしないことにしていたのでフライシート[3]は持ってこなかった。薄い布切れ一枚のツェルトだが、これでひと晩を快適に過ごすことができるのだからたいしたものだと思う。

キャンプ場はレマン湖畔にあり、多くのキャンパーが滞在している。トイレ、シャワー、キッチン、ランドリーの設備が整っていて、少し離れたところには小さな雑貨店もあるので簡単な買い物もできる。キャンパーのほとんどは自動車で来ていて、歩いてきたのは私たちだけのようだった。バカンスでの長期滞在者が多いらしく、キャンピングカーとそれに取り付ける大きなテントがいくつも並んでいた。日本のキャンプ場だと夜遅くまで騒ぐ人たちが多いが、ここではそういう人たちもいないので夜は静かにぐっすりと眠ることができた。一泊二人で七〇〇円という安さでこんな素敵な場所でキャンプができるとは、とても日本では考えられないことだ。

朝、五時起床。まだまだ暗く、明るくなったのはその三〇分後。キャンプ場を六時に出発して、少し歩きはじめるとレマン湖の向こうから太陽が顔を出しはじめた。宿に泊まっていたら、ベッドのなかでまだ寝ている時間だ。

今日は日曜日、私たちの今までの旅の経験から「ヨーロッパでは日曜日はどの店も閉まっていて、買い物ができない」ということが頭のなかにインプットされているが、目の前にあるパン屋は開いていた。私たちのように、旅する人間にとっては本当にありがたい。なにしろ、毎日の行動食であるサンドイッチ用のパンだけは欠かせないから。また、なんといっても朝に買う焼きたてのバゲットのおいしさといったらたまらない。表面がパリパリとしていて香ばしく、中身はやわらかいときている。ちなみに、値段は一本六〇円くらいで、一人一本もあれば一日の行動食としては充分である。一緒に、パンにはさむハムやサラミ、そして果物を少し買う。果物はネクタリンが食べやすいが、そればかりだとあきるのでたまにオレンジやリンゴも買い求めている。飲み物はというと、水筒を持参しているのでミネラルウォーターを買って二人で分けている。

行動食というのは、一回で食べきらずに何回にも分けて食べるものだ。私たちの旅は、一時間に

(2) A型テントの形をしたシェルター。雨風や雪などの悪天候やケガや疲労などで行動不能になったときに、やむをえずビバーグ（緊急野営）する場合に使う。ポールやロープを使用すれば簡易テントになるほか、直接くるまったりなど、工夫次第で用途は広い。素材にはナイロンやビニールなどを使ったものが多く、軽量でコンパクトなので、もしもの場合を考えて携帯しておくと便利だ。

(3) 雨よけのシートで、テントの外側に付けて使う。

一回のペースで休憩時間をとるので、その休憩ごとに何かを口に入れる。そして、水筒の中身は山道のコースになるとワインに変わることもある。ワインのほうが食べ物の通りがよく、パワーが出る感じがするからだ。

花と緑であふれんばかりの町イヴォワール（Yvoir）に着く。イヴォワールという名前だけは聞いたことがあったが、こんなに多くの観光客がやって来る場所とは知らなかった。観光案内所で手に入れたパンフレットによれば、「レマン湖に面したイヴォワールは、サヴォワ家の伯爵が住んでいたために重厚な石造りの建物が多く、現在は伯爵家の庭園が一般公開されている」ようだ。狭い路地の両側にレストラン、ホテル、土産物店、美

イヴォワール

サヴォワ家発祥の土地。サヴォワ地方がフランス領土となったのは1860年で、それ以前は神聖ローマ帝国諸侯の一つであるサヴォワ家が支配していた。彼らは、陸路が発達していなかった14世紀にレマン湖を一部遮断することでその一帯を支配できる戦略を見いだした。

イヴォワールの町

村全体が文化財に指定されており、「中世の村」と呼ばれている。第二次世界大戦前は淡水魚漁を主とした小さな漁村だったが、戦後は「中世の家並み」を観光の目玉として発展し、現在ではフランスで「もっとも花の咲く村」に指定されている。庭園にある『五感の庭』は、伯爵家の現当主が私費を投じて、かつての専用菜園を改造した小さな庭園で、五感のテーマに沿った植物が配置されている楽しい庭。ジュネーヴから船で行くか、トノンまで列車で行ってバスに乗り換える。

術品店などが立ち並び、それらの建物があふれんばかりの花と緑で飾られている。おすすめスポットの一つだ。

ジュネーヴをスタートして三日目。昨日は宿泊地に決めていたアンスィ・スール・ルマン(Anthy-sur-Leman)のキャンプ場がすでになくなっていたために、給水塔のような建物の裏にテントを張った。六時に起床して、少し歩いてからレマン湖のほとりで朝食をとった。

「寝心地はまぁまぁ。でも、よく眠れたわ」と、敬子さんには問題がなかったようだ。イスに腰掛け、三日前には焼きたてだったバゲットをかじったが、お互いの顔が少し険しくなった……さすがに堅い。

「ちょっと、パンが堅くなったね」

あの焼きたてのおいしいバゲットは、アゴがはずれるほどに噛まないと飲みこめないような代物に変身していた。食文化を大切にするフランス人に話したら、「信じられない！ 三日前のバゲットを食べるなんて！」とでも言われかねないだろう。しかし、堅くてもパンはパンだ。

レマン湖沿いを歩いてエヴィアン(Evian)に着く。ミネラルウォーターの原産地として日本でもよく知られた温泉の湧き出る高級リゾート地で、町の中心には国立温泉治療センターがある(二〇〇三年、サミットがここで開催された)。途中のトノン(Thonon)という町もおいしい水が湧き出ているらしく、多くの人がペットボトルを手にして並んでいる光景が見られた。私たちもその恩恵に預かり、水筒に新鮮なフランスの硬水をいっぱいに注ぎ入れた。

エヴィアンで私たちが泊まったのは「ＣＩＳ（Centre International de Sejour）」という、フランス全土に五〇ヵ所近くネットワークされている宿泊施設である。ユースホステルよりワンランク上といった感じで、いずれの施設も規模は大きい。エヴィアンの宿はレマン湖を眺める高台にあり、部屋もユースホステルのようにドミトリー（相部屋）ではなくてツインの部屋だった。三日ぶりに寝るベッドは快適そのもの！

エヴィアンから、アルプス山麓へ向けて山道を登る旅がいよいよスタートする。最初の目的地アボンダンス（Abondance）が標高九二〇メートル、次のモルジンが同じく一〇〇〇メートルだが、アボンダンスとモルジンの間には一六七四メートルの山越えがある。標高四〇〇メートルのエヴィアンとアボンダンスの標高差は五〇〇メートルで、その道のりは二一キロメートルだ。一〇〇〇メートルごとにわずか二三メートルの上り、とも考えられるが、それにテントの入った重いザックを背負い、上りとなればそれがしっかりと肩にくい込んでくる。

私のザックの重さは一二キログラムぐらいで、食料を購入したあとは一五キログラムになる。一五キログラムともなると、持ち上げるにも結構な力を必要とする。敬子さんのザックはテントがない分だけ軽いが、それでも一〇キログラムぐらいはある。それを背負って一日二〇キロメートルの道のりはかなりきついものである。

先にも述べたように、彼女は小学校の音楽教師で、普段からさほど体力を必要とする仕事をしているわけではない。そして、「来年からはアルプスの山麓へ入るので、アップダウンがきつくなるからね」と、日ごろから私が言っていていたことが気になっていたらしく、ここ数年、週に何回かフィットネスクラブへ通ってエアロビクスなどで身体を鍛えていた。そこのマシーンのなかに傾斜をつけて歩くものがあるそうで、砂袋の入ったザックを背負ってトレーニングをしていたようだ。その成果がためされるときが来た。

アボンダンスのキャンプ場に二泊し、いよいよ初の山越えルートに挑む。地図を見ると、山頂までは自動車が通れるくらいの林道がつづいているようだ。

牧草地の真ん中を二人で少しずつ登っていく。山頂までは一本道で、しかも視界が開けているので敬子さんが私の姿を見失う心配はない。お互いにマイペースで歩き、私が山頂で彼女が来るのを待てばOKだ。ここは、冬場にはスキーのリフトが運転されて絶好のスキー場となるらしい。遠くには、白く雪をかぶったスイスの山々が見える。その山の美しさに見ほれていると、敬子さんがやって来る姿が目に入った。

モルジンには二泊した。ジュネーブから五日間の歩行で、距

早朝の山道を登る

離はちょうど一〇〇キロメートルに達していた。

モルジンでの二日目は休養日。ロープウェイとリフトを利用して、一七六四メートルのスーパーモルジンまで登ってみる。頂上に着いて「モンブラン」という名のレストランに入るが、店からはモンブランは見えない。それでも、ビール片手にながめる山頂からの景色は三六〇度のパノラマが開けており、すばらしいものだった。山を下りて再び町の中心地に戻り、パンフレットなど旅の途中で集めた資料をまとめて郵便局から日本へ送った。

町の野外ステージでは、モルジンで二週間の音楽ワークショップに参加した子どもたちがその発表会をするという。しばらくすると、ステージに二〇人くらいの小学生たちがゾロゾロと出てきて、コーラスや楽器の演奏を披露しはじめた。

「普通の子どもたちが一生懸命に演奏している姿って、いつ見てもいいものね」

さすがに音楽の教師、彼女の言う通り、確かに子どもたちが全身で歌う姿は何よりも楽しそうだ。

町で大きいスーパーを見つけたので明日の行動食を買い求めた。そして、スーパーの横を見るとスポーツ用品店があったのでのぞいてみると、よさそうな登山靴が並んでいた。試してみるとなかなかよかったし、これからは山道も多くなるので思い切ってこの登山靴を買うことにした。日本円で一万五〇〇〇円ほど、まぁ手ごろなところか。

しかし、宿へ戻って気がついた。よくよく見れば、靴には女性用と書かれていた。サイズはよいのだが……明日もう一度行って、男性用に取り替えることにする。

2 モルジン(Morzine)~アヌシー(Annecy) (七月二七日~三一日)

ブラボー！　グルメの国

モルジンからクルーザ(Cluses)までを歩く予定だったが、ぬかるみの悪路に足をとられて思うように進めなかったため、手前のタナンジャ(Taninges)でキャンプをすることにした。

今日は、昨日の分も含めて余計に歩かなければならない……。

私たちの歩く前方に峠の宿が見えた。その峠まであと少しだ……夕食もとれると信じて山道を進んでいく。ルートはまちがっていないかと地図を出して確認するが、どうもおかしい。分岐点であるはずの地図上に描かれてある小屋が見当たらない。

「ちょっとストップ！」私は、前方を行く敬子さんに声をかけた。

「地図を見ると、小屋の手前から左へ入っていくようになってるんだけど……」

「でも、そんな分岐点はなかったわね」

念のために通りすぎた小屋まで戻ってみると、標識はないが小屋の場所から上に登っていく山道があった。踏み跡があるからきっとこれがルートだろう。そのまま進むとやがて道は消え、足場の悪いところに出た。

「たぶん、この上にルートがあるはずだ」

登ろうとするが、足場がもろくてうまく進めない。道なき道を滑りながら行くと、どうにか沢に出ることができた。足場が少ししっかりして歩きやすくなったとホッとしたところで敬子さんがいないことに気づいた。

「おーい！　どこにいる！」と、大声で呼んでみる。

「滑って、行けないよ！」と、どこからか敬子さんの悪戦苦闘を知らせる返事が聞こえてきた。

「右へ！　右へ行くと沢に出られるぞ！」

　さらに林のなかの踏み跡をたどっていくと、少し視界のきく場所へ出た。かなり遠くの下方に、峠へ向かう山道らしきものが目に入った。「ルートが見つかりそうだ」と、服のあちこちに泥をつけて登ってきた敬子さんに、また下ることを告げる。結局、来た道を戻り、折り返したところをさらに進んで下がっていくと、そこに峠への分岐点があった。

「なぁーんだ。最初の通り、あのまま下っていけばよかったんだ」

　午後九時、ようやく峠の村レザンヌ（Les Annes）に到着した。やっとの思いでたどり着いたレザンヌだったが、山小屋は満員で泊まれなかった。念のためにフランスへ入国してから予約の手紙を投函しておいたのだが、「手紙なんか受け取っていませんし、今日は満員です」と、受付の女性はにべもなかった。

　困ったと思っていたところへ、この宿のレストランに食事をしに来た夫妻がなにやら宿の人と話しはじめた。夫妻は、フランス語で話した内容を英語でわかりやすく私たちに説明してくれた。

「わら小屋なら空いているというのだけど……」

「私たちはテントをもっていますから、そこで寝るので大丈夫です。それより、食事だけでもお願いします」

この夫妻の通訳のおかげで、ひとまず夕食にはありつけた。とにかく、喉がカラカラに渇いていたので、まずはビールを一気に飲みほした。ふーっとひと息ついたところで考えてみた。どうして、ルートから外れてしまったんだろう……地図を改めて見ると単純なミスだと気づいた。小屋だと早合点したのは、実は標高を表す黒点だったのだ。地図上で小屋を表す場合には固有名詞がついているのに……。

歩いているときは、なぜかこんな初歩的なこともすっかり頭のなかから抜けてしまうことがある。油断大敵である。天候がよかったからいいようなもので、これが悪天候だったらどうなっていただろう。テントも寝袋も持参しているので遭難することはなかったと思うが、これからはもっと慎重にルートを見極めなければいけないと反省。

翌朝、車の騒音で目覚めた。起きてみると、なんとテントを張ったところは道の上だった。昨晩、夕食のときにワインを飲んで、かなり酔ってしまったらしい。設営してから食事をとればよかったのだが、最初のビール一杯でそんな気は失せてしまって、結局、疲れて、酔って、暗い夜に適当な場所にテントを設営したらこの結果となった。あやうく、車に轢かれてしまうところだった。

今日は日曜日。ここは人気の登山基地のようで、次から次へと登山靴を履いた人たちが車から降

フランスで使った地図

フランスの旅で使用した地図は、IGN（L' Institut Géographique Nationale／フランス国土地理院）が発行している25000分の１の地図だ。サイズは日本のものより４倍くらい大きく、オールカラーで、森林は緑色、主要道路はオレンジ色、地方の道路は黄色に色分けされている。そのほかに、野外活動用にハイキングコースは赤色、それも一般向けは実線、岩場のコースは波線、ルートが整備されていない箇所は点線で記されていて、コースの様子や難易度が判断できるので、安心して使える。山小屋、キャンプ場、ユースホステルの表示もある。今回の旅では私たちは、この地図のキャンプ場マークを頼りに計画を立てた（おかげで、すでに閉鎖されているキャンプ場にいくつか遭遇もしたが）。

１枚の料金は約1000円。フランス語がよく理解できない人、地形に不慣れな初心者でも、この色分けや施設などのマークさえ覚えれば、日本のものよりはるかに見やすいだろう。

フランスの徒歩旅行事情

フランスにはFFRP（Fédération Française de la Randonnée Pédestre）という徒歩旅行者をバックアップする全国組織があり、この団体が歩くコースの設定やガイドブックの発行を行っている。フランスの歩くコースは、全土を網の目のようにして広がっている。そのルート名にはGR（Grande Randonnée＝大規模な歩道）の頭文字がついていて、もっとも人気の高いコースは、オランダの北海に面した町から、地中海沿岸のリゾート地として名高いニースまでつづくGR５である。フランスへ入ってからのGR５は、かなりの部分が山岳丘陵縦走路となっていてアップダウンもきつく、テントや食料も必携となる。このコースを踏破したいと思っている人たちが、フランスの“歩く人たち”の間では多いと聞く。

GRのコース上には、ジット（Gîtes d'étape）というエコノミータイプの宿や山小屋（Refuges）も多く、テントやシュラフを持参しなくとも歩いて楽しめる条件が整っている。フランスでは、このような国内の宿泊施設を網羅したガイドブック（名称や所在地の住所、電話番号、収容人数、食事提供の有無など、事細かにリストアップされている）が刊行されている。

りてくる。山小屋が満員になるわけで、朝から岩登りや山歩きをする人の姿が絶えない。地図を見ると、目の前にある山は標高二七五〇メートルで、二一六四メートルの地点に山小屋がある。ここまでなら一般の人も行けるだろう。山へ向かう人へ尋ねると、約三時間で山頂に着けるという。

いったい何度「ボンジュール！」と言ったことか。私たちは山登りをする人たちと別れて、谷筋のウォーキングルートを歩きはじめた。登山者に負けず劣らずこのコースを歩く人も多かった。途中のカフェで一服。

集落が近づいたところで、周りの人たちが山のほうを見つめていた。その先を目を凝らしてみると、ヤギの群れが険しい崖をかけ下りてくるではないか。飼い主の声に追いたてられ、ヤギたちは家へ帰るところのようだ。ヤギの群れは、無事に下りてくると道を渡り、犬に追いたてられて小屋に戻っていった。

ヤギ小屋のある家のそばで休憩していると、先ほど山のほうを見つめていた人たちが何やら包みを小脇にかかえて嬉し

そうに通りすぎていく。気になって聞いてみると、「ヤギのチーズを買ってきた」という。ヤギのチーズはワインによく合うと聞いたことがあるので、これはぜひ試してみたい。先ほどのヤギ追いの男性を見つけて、私たちもヤギのチーズ（丸型のチーズ一個二六フランスフラン＝約四〇〇円）を買って食べてみた。牛のチーズに比べて食感はやわらかく、匂いはちょっときつかったが、こってりとした風味のあるチーズとワイン、これは相性ピッタリだと納得した。

ラ・クルーザ（La Clusaz）のユースホステルへ到着する。町の中心地より三キロメートルほど離れた山の麓、スキー場の真下にあるユースホステルで、建物はロッジ風で眺めもよい。二日間のテント泊まりから開放されたのがなんともありがたい。「夕食は八時から」という受付のアナウンスで空腹の私たちは勇んで食堂へ行ったが、人影

ラ・クルーザのユースホステル

がない。変だなぁと思っていると、スタッフが現れて「バーのほうへどうぞ」と言う。バーへ行くと、すでに宿泊者らしき人々がチーズをつまみにしてワイングラスを傾けていた。すすめられるままに、私たちもワイングラスをもらう。

「これは食前酒のようだね」と二人で話しながら飲んでいると、食堂へ移動の合図があり、やっと待ちに待った夕食タイムとなった。時刻は、八時三〇分を過ぎている。

「これがフランスタイムなのね」

「フランスの夕食は、今ごろからが当たり前なのかな」

大きなボウルに、新鮮な野菜サラダがいっぱい入っている。生野菜が不足がちな旅人の私たちにとっては最高のメニューである。「これでもか！」というほど皿に取り分けても、いっこうに減らないほどの山盛りサラダだ。

私たちの前に座った人が注文したテーブルワインをご相伴させていただく。テーブルワインでも充分においしい。メインディッシュは、鳥のモモ肉と香辛料のきいた野菜を煮たもので、これがスパイシーで「うまい！」。デザートは、大きな丸型のチーズがどんとテーブルに置かれた。自分の好きな分だけ好きなようにカットして食べるらしく、みな思い思いに切り取って皿の上に載せて食べている。「うーん」、グルメの国フランスにふさわしい夕食に思わずうなってしまった。

ボールギャロ（**Beauregard**）の山頂（一六九〇メートル）をめざして登る。直線距離ならわずかな距離だが、登り道となるとたっぷり三時間はかかる道のりだ。最初からつづくジグザグな急な登りのあとは、幅の広い林道へ出た。荷物が重そうな敬子さんと、ゆっくりゆっくり歩く。

「そういえば、日本の国会でこんなのがあったよね」と、敬子さんが唐突に言った。

「ああ、牛歩戦術だろう」

ゆっくりゆっくり、できるかぎり遅く歩いて投票をする、あの方法だ。そうすると、前からほんものの牛が群れてくるではないか。

「あっ！　私たちと同じ牛歩の歩みだ！」

山頂のレストランへようやくたどり着いた。私たちは自分たちの足で登ってきたが、この山頂までは麓からロープウエイが運転されているので、文明の恩恵に預かればあっという間に山頂まで運んでくれる。

草原と林のなかの下り道を鼻歌まじりに軽やかに歩いていくと、本日のキャンプ地トネー（Thônes）に着いた。しかし、キャンプ場に人気《ひとけ》がない。「もしや？」と思ったが、案の定、このキャンプ場は閉鎖されてしまっていた。ベンチで夕食をとってから貸切状態でテントを張った。広々としたキャンプサイトに小さなテントがポツリ……静寂の一晩を過ごす。

七月三一日、ジュネーヴから一〇日かかって人気のリゾート地であるアヌシー（Annecy）に到着した。今年のゴールであるグルノーブルまではあと一二〇キロメートル。

3 アヌシー(Annecy)～グルノーブル(Grenoble)　(八月二日～七日)

念願のジットに宿泊する

今までは鉄道の通っていない山のなかを歩いてきたが、アヌシーからは、アルバン(Albans)、エクスレバン(Aix-les-Bains)、シャンベリー(Chambéry)(4)、グルノーブルと鉄道の本数も多い都会の町がつづく。エクスレバンのユースホステルを拠点に五連泊して、シャンベリーまでのルートを歩くことにした。エクスレバン駅からバスに乗ってユースホステルに向かった。湖畔にほど近く、キャンプ場も隣接しているユースホステルの芝生の庭には野外テーブルが置いてあり、この日の夕食はここでとった。

エクスレバンは湖畔の温泉保養地で、バカンス中の人々でにぎわっていた。今年の夏は暑く、ちょっと動くだけでジトジトと汗が出てくる。港の近くでは、ここサヴォワ地方の民俗衣装を身にまとった男女が伝統的なレース編みや手づくりのカゴや椅子、そして木のオモチャなどを実演販売していた。傍らでは、アコーディオン弾きが奏でる音楽に合わせて、民俗衣装を着た子どもや大人たちが楽しそうに踊っていた。夏の真っ盛り、みんな生活や休暇をエンジョイしている。

(4) サヴォワ県の県庁所在地。一六世紀にフランスに併合されるまで、サヴォワ公国の首都として繁栄した町である。

八月四日、エクスレバンでの滞在を終えてシャンベリーから歩きをスタートした。パンと果物を購入してから、上りの車道を歩きはじめた。五日振りに、重い荷物がずっしりと肩にのしかかる。シャルトルーズ（Chartreuse）山塊[5]へ入っていく。山間のなかに小さな集落が点在するなかなか魅力的なエリア。山登りやハイキングをする人の姿が多く、コースも充実している。しかし、シャンベリーからグルノーブルまでの七〇キロメートルの間に三つの峠を登ったり下りたりしなければならない……。

午後七時、サンピエール・ダントモン（St.Pierre d'Entrement）に無事到着した。泊まる予定としていたジットはすぐに見つかった。施設に入ってまず宿の親父と握手をしたら、彼は私がフランスで投函した手紙を見せてくれた。よかった！　予約のハガキはちゃんと届いていた。

私たちが宿泊したジットはイギリスのB&Bに近いタイプの宿で、レストランが併設されていて夕食をとることもできる。フランスはユースホステルのネットワークが穴だらけで、ドイツのようになかなかルート上に連続していない。そこで、ジットの登場となった。部屋は三階の一番奥で、部屋にはダブルベッドが一つと二段ベッドが一つ置いてあった。夫婦と子ども二人が泊まるにはピッタリの部屋だ。八時半から一階のレストランで食事をとると、すぐに就寝した。明日は、峠を二つ越えるルートが私たちを待っている。

翌朝、出発時に会計を済ませたが、なんと一泊二食で約六〇〇〇円。一人三〇〇〇円となると、日本のユースホステルよりもかなり安い！　敬子さんがジットの建物のスケッチをする間に、私は行動食の調達と出発準備に奔走した。

二泊目に泊まったジットはル・サピー・シャルトルーズ（Le sappy en Chartreuse）にあり、食事の提供がなかったので夕食も朝食もレストランでとることにした。私たちの旅はレストランをほとんど利用しないことにしている。その理由は、メニューに書いてあることがわからないために何を注文してよいのかと選択に困るからだ。

でも、この日に入ったレストランは「ムニュ（Menu）」という定食コースがあったので助かった。それも「松竹梅」といったふうに料金設定もしてあったので、値段で判断して注文をした。定食のパターンは、これまでのユースホステルの夕食でだいたい理解できている。たいていは野菜サラダにはじまり、メインディッシュがあり最後にデザートがつく。今晩はワインのフルボトルと食後にコーヒーをプラスしたが、料金は二人で四〇〇〇円弱だった。しかも、腹は充分に満たされている。ジット宿泊が二人で一泊一〇〇〇円という安さだから、夕食代を加えても二人で五〇〇〇円にしかならない。もちろん、翌日の朝食もこのレストランでお世話になった。

(5) シャンベリーからグルノーブルの間に広がる山岳地帯。ハイカーが多いことでも知られている。この山塊の一角、鬱蒼とした森のなかにシャルトルーズ修道院があり、一七世紀の初頭に薬草酒の処方をもとにここでリキュールがつくられるようになった。それを製品化したものが、一三〇種類の薬草が使われている「シャルトルーズ・ジョーヌ」と「シャルトルーズ・ヴェール」（アルコール度数は四〇度）である。なお、シャルトルーズ派はとくに戒律が厳しく、人里離れたこの修道院を見学することはできない。

私がスケッチをしている間に……
肉やでパンやは
どこかと教えて
もらいバゲットを買う。
ジャンボンを
ソングラム
ウイ！
正明さんは肉屋でハムを買い
BOULANGE
PANINE
次に
パン屋に行って
バゲットを2本買い
バゲットにハムをはさんでサンドイッチを作る
今日の昼食は
できあがり!!

いよいよ最後の行程。ここまで来ればあとは半日コース、それも下り道だから楽な歩行だ。途中までは車道を歩いて、あとはGR9のコースに入った。

「あっ、グルノーブルの町が見えた！」と、敬子さんの声が弾む。山道をずっと下りてきた私たちの目の前に、いきなりグルノーブル(6)の市街地がどーんと開けた。昨日まで滞在した山間の

(6) アルプ地方の中心都市で、一九六八年の冬季オリンピックの開催地。このときの記録映画『白い恋人たち』（フランス映画／クロード・ルルーシュ監督）のテーマ・ミュージック（フランシス・レイ作曲）は世界の人たちを魅了した。フランスはここ以外にも、シャモニー（Chamonix）とアルベールヴィル（Albertville）で一回ずつ冬季オリンピックを開催している。

ジット（Gîtes d'étape）

私たちが泊まったジット

バカンス大国フランスには、国民が快適に長期休暇を過ごせるようにバックアップする組織があり、ジットもその一つ。フランス・ジット協会（La Maison des Gîtes des France）では、フランス各地にある宿泊可能な施設と契約して、休暇を過ごす人たちに情報を提供している。ジットに登録されている施設には、農家民宿もあればスキーロッジや山小屋、貸別荘（自炊設備やシャワー、風呂がついていて長期滞在も可能）、キャンプ場などがあり、さまざまな目的に応じて選べるようになっている。小さな村をめぐる旅行者や徒歩旅行者にはうってつけの宿泊施設である。

http://www.gites-de-france.fr/（オンラインで予約が可能）

小さな村のことが、遠い昔の出来事のように思える。

グルノーブルの町を一望しながら市街地をめざす。バスティーユ城塞に着いたので、カフェでひと休み。鋭気を養って、一歩一歩踏みしめて歩きはじめる。近くて遠いのがグルノーブルの町。すぐ目の前に見えた市街地も、たどり着くのに一時間ほど要した。

フランス編●パートⅡ

やっとたどり着いた
地中海のゴール

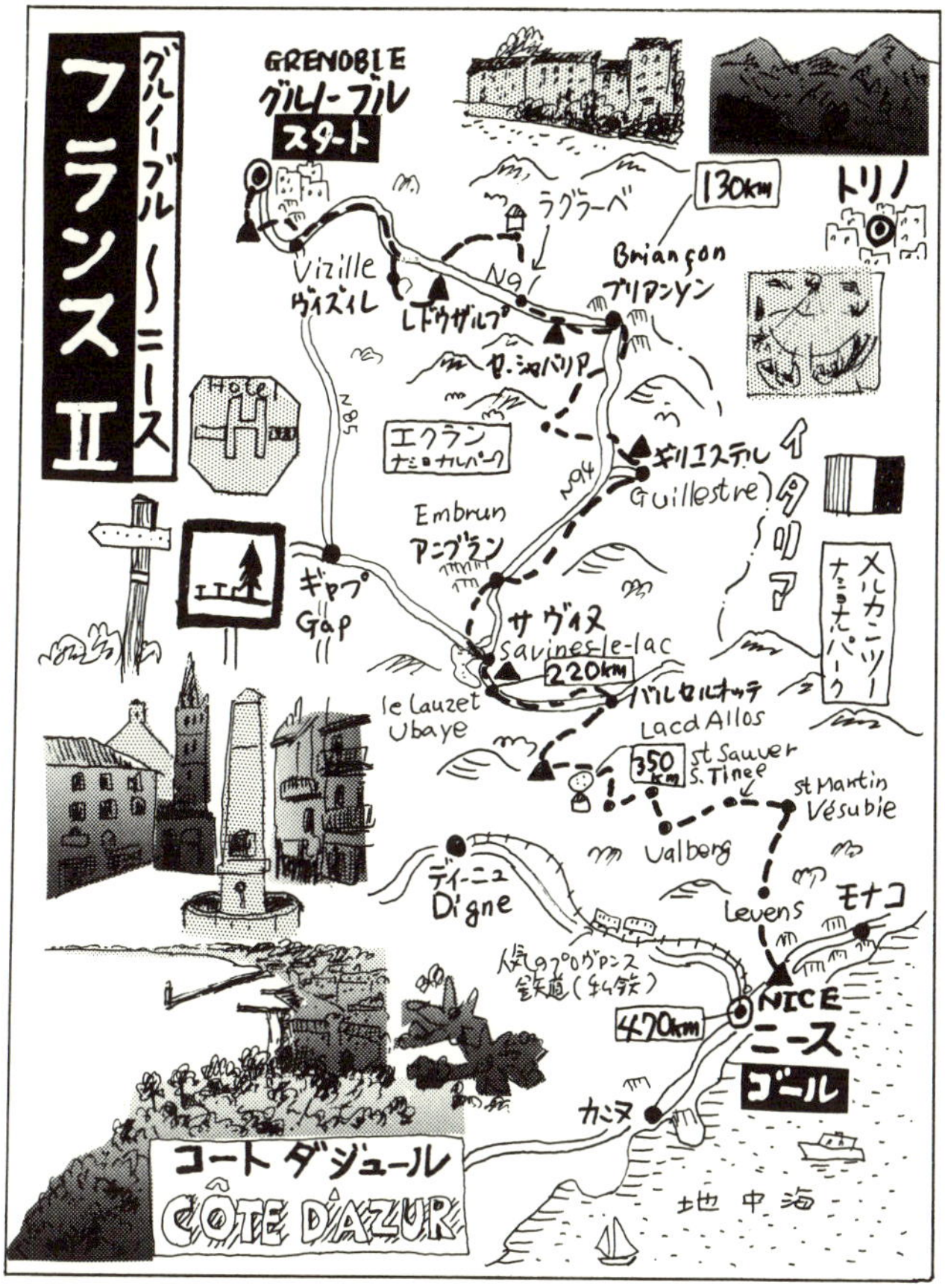

旅行期間：2002年7月21日〜8月15日

歩行距離：グルノーブル（Grenoble）〜ニース（Nice）
470キロメートル（通算4,027キロメートル）

最終区間の歩行を迎えた。グルノーブルをスタートしてフランスアルプスのいくつもの峠を越え、待ちに待った地中海ニース（Nice）でのゴールとなる。北海に突き出たデンマークのスカーエン岬をスタートしたのが一九九三年の七月、そしてゴールは二〇〇二年八月となる。

今回のコースは、前半、後半ともに大きな山越えが一回ずつ待ち受けている。かなりのアップダウンのため、私たちはしっかりとした登山靴を用意した。コース上にはユースホステルも少ないので必然的にキャンプが多くなる。そのため、使用するツェルトも多少雨に強いゴアテックス用にした。となると、ザックの重量もいつもよりやや重くなり、食料なしでも総重量が一五キログラムとなってしまった。山や峠が多いというのに……だ。しかしまぁ、山や峠が多いということはそれだけ風景にも変化があるということ。今までとはひと味違った歩く旅ができるにちがいない。これで、一〇年間にわたって続いた私たちのヨーロッパ縦断歩行も、いよいよラストウォークとなる。

1 グルノーブル（Grenoble）～ブリアンソン（Briançon）（七月二一日～二七日）

ツール・ド・フランスをめぐる人間模様

グルノーブルからブリアンソンへ向かうN91の車道をエシロール（Echirolles）、ヴィズィレ（Vizille）と歩いていると、自転車に乗った人たちの姿がやたらに目立ってきた。

「このあたりの人は、よく自転車に乗っているんだね」

「でも、それにしてはずいぶんたくさんの人が行くわよ」

フランスは自転車レースの盛んな国だが、それにしてもこの数は尋常ではない。しかし、疑問はすぐに解けた。

「ツール・ド・フランスだよ」

道端に立つ大きな看板が答えを教えてくれた。世界的に有名な自転車レースの「ツール・ド・フランス」を走る一行が今日この近くを通過するので、多くのファンが選手たちの姿をひと目見ようと現地に向かっているのだ。みな色とりどりのウエアに身を包み、ヘルメットをかぶり、軽快にペダルを踏んでいる。道路はずっと上り坂。私たちみたいに上りに弱い人にとってはとて

ツール・ド・フランス（Tour de France）

フランス全土をぐるりと7月から3週間かけて3,500キロメートルを走破する世界最大の自転車ロードレース。1903年にはじまったもので、開催時期がヨーロッパのバカンス時期とも重なるため、夏の風物詩ともいわれている。コースは平坦なステージもあれば、標高 2,000メートルを超えるアルプスやピレネーの上り坂を駆け上がる山岳ステージもあり、バラエティに富んだステージはレースそのものだけではなく、フランスの国土を粒さに知ることもできる。トップは「マイヨー・ジョーヌ」と呼ばれる黄色のシャツを着て走るが、山岳ステージのトップは赤と白の柄シャツを着けて走る。山岳ステージを制した者は特別なのである。フランスのみならず世界中にファンをもち、人気のスポーツイベントである。

ツール・ド・フランスを見物

も苦しい道程なのに、自転車で走り抜けていく姿は年齢性別に関係なく軽快そのものだ。

小さな町へ入るとカフェがあったので休憩タイム。地元の人たちがビールやコーヒーを飲みながら、何やらツール・ド・フランスの話題に夢中になっている。そのなかの一人が、私たちにスポーツ新聞を見せてくれた。その新聞には今日のコースの詳細が出ていたが、それを見て驚いた。なんと、この日のコースは二〇〇〇メートル近い峠をいくつも越えることになっている。

「すごい！　こんなにものすごいアップダウンのコースを走るなんて、信じらない！」

残念ながらツール・ド・フランスは見られなかったが、それを観に行くツール・ド・フランス・ファンのツーリング姿をたくさん見せてもらった。

ブー・ドワザン（Bourg d'Oisans）という名の町に入ると、ここもまたツール・ド・フランス一色となって見物客でごった返していた。とりあえず、通りに面したカフェへ入ってビールを注文する。

「ものすごい人ですね」

「そうなの。お祭りみたいなものネ！」

この店のマダムはとてもフレンドリーな人で、私たちは日本からフランスを歩きに来ていると話すと、ゲストブックを持ってきて「記念に何か書いて欲しいワ」という。

「これからキャンプ場へ向かうんだけど、その前に買い物をしたいんだ。どこにある？」とマダムに尋ねると、彼女は奥のほうから地図を持ってきて、キャンプ場、店の場所、案内所の位置をていねいに教えてくれた。このカフェの二階は宿のようなので、念のために「ここのホテルはやっぱり満員？」と聞いてみた。宿帳を調べてくれたが、「うーん、やっぱり満員だワ。ごめんなさいね」。

ツール・ド・フランス花盛りの今日、そんな簡単に宿は空いていない。ビールの代金を払おうとすると、彼女はニコリと笑って「いらないわよ！」という。「メルシー、マダム」

キャンプ場でもよかったが、昨日もテントだったので、できれば今日はどこかの宿に泊まりたかった。行動食の調達を敬子さんに任せて、私は観光案内所へと向かった。新しい町へ着いたら、特別に用事はなくとも案内所へ行くのが私流の儀式だ。案内所で町の地図をもらい、ここでも念のためにスタッフへ尋ねてみる。

「今日はどこのホテルも満員ですか？」

「ここから、三キロメートルほど先にあるジットなら空いているわよ」という思いがけない返事に身を乗りだす。

「ど、どこですか、そこは！」

「ここなんですけど……」といって地図を指さした。

「ああ、ここですか。ここなら、私たちが明日歩くコースの途中だ」

「泊まるのなら電話してあげますよ」

すぐに宿へ連絡してもらった。食事の提供もあるというので、まったくもってラッキーだ！　さっそくスーパーで買い物中の敬子さんに伝えると、「よくとれたわねー！」の一言。町から三キロ

——私たちにとっては〝たったの〟三キロである。

次の日、レ・ドゥ・ザルプ（les Deux-Alpes）(1)へ到着する。ユースホステルで、日本からやって来た自称ツール・ド・フランスの追っかけをしている若者に出会った。彼は自転車を持ってきていて、ツール・ド・フランスの見物がてらにフランス国内をツーリングしているという。翌朝、午前七時に朝食一番乗りをした私たちの次に来たのはこの自転車野郎だった。彼は「時間がない！」という言葉を連発して、ほとんど会話もなく朝食を慌てていらげるとあっという間にチェックアウトをして私たちの前から姿を消してしまった。

レ・ドゥ・ザルプから一日行程でラ・グラーベ（la Grave）まで行ってキャンプをする予定だったが、いざ歩いてみると一日ではすまなかった。途中の街ミエゾン（Miezoén）からGR50のルートへ入り、山小屋までは問題ないコースタイムだった。そのあと「次の山小屋までは二時間だよ」とウォーカーに聞いて歩きだしてみたものの、三時間たっても山小屋は現れなかった。そのとき、すでに時間は午後五時を回っていた。それから三〇分ほど歩き、午後五時半にやっと山小屋へ到着した。しかし、目的地グラーベは山小屋から一二キロメートルも先……。敬子さんのペースではグラーベまではとても無理だと判断し、この山小屋に泊めてもらうことにした。小屋の女主人にゼスチャーと片言のフランス語でおそるおそる尋ねてみると、部屋は空いているという。よかった！ついでに食事もお願いした。何より喜んだのは敬子さんだった。「あーあ、よかった！」

山道のコースだから通常の歩きよりも時間がかかるのは仕方がないが……予想外のことに原因を

考えてみた。一つは、地図上には現れない本当に細かい道のジグザグとアップダウンを充分に見込めなかったことだ。最初に計画を立てる際に、地図から山道の行程距離を測るときは多少長めに距離をとらえるようにしている。しかし、今回の場合は、想像以上の長さと標高差があったのだ。もう一つは、敬子さんの上りの弱さを過小評価したことだ。今回、彼女が履いてきた靴は新調したばかりの登山靴だった。それがまだ充分になじんでいなかったために、彼女はくるぶしあたりに靴擦れを起こしてしまった。患部をテーピングしてみたものの痛みは収まらず、一度落ちてしまったピッチはなかなか上がらなかった。

とはいえ、計算外のことが起こるのも旅の醍醐味である。思いがけずにフランスの山小屋に泊まることができたわけだからよしとしよう。

山小屋での一泊のおかげで敬子さんの元気も回復し、今日の足取りは軽そうだ。このあたり一帯はエクラン・ナショナルパーク（**Le parc national des Ecrins**）[2]で、正面には雪をかぶった標高三九八三メートル、別名「アルプスの女王」と呼ばれるラ・メイジャ（**La Maije**）が見える。山小屋から見るフランスアルプスの山々は本当に美しい。

標高二三六五メートルの峠から標高一五〇〇メートルのグラーベまで、九〇〇メートルを下るル

（1）フランスの代表的なスキーリゾート地。ホテル、レストラン、スポーツ用品店が立ち並ぶ。夏場でもリフトが運行されているので、雄大なアルプスのパノラマを見ることができる。グルノーブルからバスが一日数便ほど運転されている。

ートを歩く。山道といっても周囲は牧草地で、牛が放牧されているのどかな風景となっている。耳をすませば、谷川のせせらぎや鳥のはつらつとした鳴き声が聞こえてくる。そして、雪山の連峰がすべてを抱くように雄大にそびえている最高に眺めのよいパノラマコースである。こんなすばらしい風景のなかを、私たち夫婦二人だけで歩けるとはなんと贅沢なことか。

一日遅れのグラーベ到着。だが、気持ちは清々しい。遅れた分は予備日の一日をあてればよい。今日の宿泊地までバスで行き、明日またこの地点までバスで戻って歩くことにする。今は、眺めのよいカフェへ入り、清冽なエクランの山々の姿を眺めながらのビールタイムにしよう。

予定変更して泊まった山小屋

2 ブリアンソン(Briançon)〜コルダロス(Col d'Allos)（七月二八日〜八月六日）

フランスアルプスでの快適な宿泊

ブリアンソンは、フランスの国有鉄道であるSNCF（Société Nationale des Chemins de fer Français）の終着駅。フランスアルプスの地域で、鉄道が来ているのはシャモニーとブリアンソンぐらいで、スイスに比べてとても少ない。そのブリアンソンは多くの旅行者でにぎわっていた。午後八時でも明るく、夜の教会ではコンサートが行われており、町全体が夏を謳歌している。

レ・ヴィニュー（Les Vigneaux）でキャンプをする予定だったが、行ってみるとキャンプ場は閉鎖されていた。地図には一キロメートル以内にもう一つキャンプ場が記載されていたので行ってみることにした。ここも閉鎖中であれば適当なところにテントを張ることにし、食料も、パンが少し残っているからなんとかこれでやり過ごすことにした。今日は日曜日、食料を購入する術《すべ》がない。

前方に川が見え、そのそばにテントが見えた。橋を渡ったところに事務所があったので早速申し込んでみると、好きなキャンプサイトへテントを張っていいということだった。川沿いの細長いキ

(2) フランスには、山岳地帯に五ヵ所、海（島）に二ヵ所、計七ヵ所のナショナルパークがある。そのうちの一つであるエクラン・ナショナルパークは、グルノーブルの南東に広がる山岳地帯のこと。真夏でも万年雪が残り、登山者の憧れの地といわれている。最高峰は四〇一五メートルで、GR54のコースがこのエリアを一周している。

ャンプ場で、使用料は二人で一泊一〇ユーロ、つまり一人約六〇〇円だ。今年からフランスの通貨は「フランスフラン」から「ユーロ」へと変わっている。

「ヨーロッパの多くの国で貨幣が同じというのは、旅行者にとっては確かにわかりやすくて助かるけれど面白味がないわね」と、敬子さんはいう。

受付をすませて事務所を出ると、なんともおいしそうな香りが漂ってきた。匂いの主は大鍋のなかにあるパエリア。売り主に聞けば、あと一〇分待てば食べられるという。「ラッキー！」

食べ残しのパンしか持たない私たちにとっては天の恵み！　このパエリアは、週に一回、日曜の夕方のみに売られているという。二人で疲れた足を投げだし、温かくておいしいパエリアを腹いっぱいに食べてホッとした。川のせせらぎを聞きながら、テントでぐっすりと眠る。

七月二九日、暑い……。ギエストル（Guillestre）までの二八キロメートルをひたすら歩いた。そして、アンブラン（Embrun）を出発する日も太陽がしっかりと大地を照らしていた。グルノーブルを出発してから一〇日間、ずっと快晴つづきである。

大鍋にパエリアをつくって売っていた

「いつまでつづくのかしら、この天気」

敬子さんは、暑さと山歩きに少々疲れ気味の様子だ。翌日は休養日にしてあるので、宿泊地のサヴィヌ・ル・ラック（Savines-le-Lac）でゆっくりと休もう。


キャンプで心配なのは雨。最初から雨に降られたならばキャンプはあきらめて宿に変更するのだが、夜中に降りだしたときは困る。

「今回は、まだ一日も雨具を使っていないね」

今回の旅では、これまでに八回ほどテントを張ったが、いまだ雨には降られていない。しかし、ここバルセロネッテ（Barcelonnette）では、夜中、キャンプ中に雷が鳴り、雨が降りだした。「雨が激しくなったらシュラフだけを持ってトイレへ逃げ込めばいい」と以前から敬子さんに伝えておいたので、彼女はこの激しい雷雨にすぐに逃げだした。一方私

夜中に、雷雨があり、あわてる

は、テントがどのくらいの時間で雨漏りするのかを確かめるためにテントのなかにとどまった。しかし、雨は三〇分ほどで小雨になり、まもなく敬子さんが戻ってきた。

「トイレでシュラフを持って立っていたら、用を足しに来た人が変な目で見ていたわ」

今回のコースのなかにはいくつかの難所があるが、その最大の難所がアロス（Allos）からラック・ダロス（Lac d'Allos／アロス湖）を経てエステン（Estenc）へ抜ける山越えのコースで、標高二六〇二メートルの峠は全コースを通じても最高地点である。

アロスからラック・ダロスへ向かうコースを登っていく。道の最後のほうで車道と合流し、大きな駐車場が見えてくるとアロス湖まで往復する人たちが大勢いることに驚く。湖畔の山小屋宛てに宿泊予約のハガキを日本からとフランスに入国してからも投函しておいたが大丈夫だろうか……こんなに人気の場所ゆえに宿泊できるかどうか一抹の不安がよぎった。

湖が見えてきた……確かに美しい。日本であれば、北八ヶ岳にある池のようなところだ。早速、湖畔にある山小屋へ向かう。ドアを開けてなかへ入ると、カウンターにいた女の子が私たちの姿を見て慌ててオーナーを呼びに行った。すぐに出てきたオーナーと握手を交したが、どうやら予約はとれていたようだ。

部屋の窓を開けると湖、その向こうには山並みが広がるという風景に私たちは大満足。夕食までは時間があるので靴下と下着の洗濯をしようと、マダムに洗い場と干し場を教えてもらい、ついでに洗濯バサミも借りた。せっかくの美しい風景のなかに私たちの下着や靴下がはためいていいのだろうか……と複雑な心境になる。

ここの山小屋でも、夕食はアットホームな感じでとても楽しい雰囲気。家族連れやグループ、カップルなどさまざまな客でにぎわったが、日本人は私と敬子さんの二人だけだった。翌日、いよいよ標高二六〇二メートルの峠越えとなる。

あいにくの雨……風がないから少しはマシか。しばらく歩くと雲がパッと切れ、一瞬霧が晴れて眼下にアロス湖の姿が現れた。峠に近づくにつれて雨は小降りになるものの、逆に霧と風が出てきた。嵐のなかをしばらく行くと、塔のようなものが悪天候の視界に浮かび上がった。「やっと着いた！」

風を遮るものが何もないので吹き飛ばされそうになりながら、峠の位置を示す石の道標をこの目で確認してすぐに下山する。下りになると次第に霧も風も収まって、やがて青空が見えはじめた。標高差九〇〇メートルを四時間かけて一気に下りて車道に出た。

「やったぜ！」、これでコース最大の難所を突破した。これから先には難所はもうない。

アロス湖を望む

3 コルダロス(Col d'Allos)〜ニース(Nice)　(八月七日〜一五日)

仲間と一緒にゴールイン

コルダロスを出発し、ギヨーム(Guillaumes)へと向かう。

ギヨームから宿泊地ペオーネ(Péone)までは六キロメートルしかない。しかし、アップダウンがあるとはいえ、普通ならば二時間もあれば行ける道のりに三時間以上もかかってしまった。あとで敬子さんに聞いたことだが、彼女は風邪気味で微熱があったようで力が出なかったらしい。そんなことに気づきもしない私は、「どうして、もっとピッチが上がらないのか」と思っていた。言ってくれればよかったのに……。

敬子さんの風邪の原因は、昨日泊まったキャンプ場のシャワーの湯量がめずらしく多かったので、夜に、気持ちよく洗髪もして乾くまで外の風に吹かれていたせいだ。そのうえ、夜中にトイレに起きたときに見た星空があまりにも美しかったので時間を忘れて見とれていたという。夏とはいえ、夜風に長時間あたるのはやはり要注意!

ちなみに、ここペオーネのキャンプ場は村の一角にある公営施設である。通常は夕方に係の人が受付をしてくれるのだが、受付時間外に到着した利用者は、料金表の下にある箱にお金を入れればＯＫとなっている。

朝五時に起床してキャンプを撤収し、六時には出発した。この日は、サン・スヴァール・スール・ティネ(St.Sauveur-sur-Tinée)の公共施設のジットに宿泊した。ここは二段ベッドが四台ずつ並んだ部屋が二つあり、それぞれの部屋にはキッチンとシャワー、トイレがついて一人七ユーロ(約九〇〇円)だった。

八月一〇日、サン・マルティン・ヴェズビー(St.Martin-Vésubie)で今度はキャンプ併設のジットへ泊まる。町の中心部から離れているぶん、静かで落ち着けるのがよい。自宅の一角にある個人経営の施設で、雨だったのでキャンプは断念して部屋を借りた。山小屋風の部屋にはがっしりとした二段ベッドが四台、そしてキッチンと食卓があり、頼めば食事も出してくれる。ここのシャワーはコイン式で、有料の専用コインを入れると五分間湯が出るようになっている。トイレもシャワーも別棟だったので、夜中はちょっと大変だった。

歩きだしてしばらくして気がついた。いつのまにか、私たちのあとを一匹の犬がついて来ている。白い犬で、目の周りだけが黒く、なんだか牛を小型にしたような犬だ。この犬、私たちの周りを行ったり来たりするものだからとても歩きにくい。歩きにくいだけではなく車道へも出ていくので、危なっかしくて仕方がない。棒でつっついても「キャン!」ともいわず、逃げようともしない。私たちを仲間とでも思ったのだろうか……困ったものである。

デンマークを歩いているときも、一度黒い猫がついて来て困ったことがある。この猫、私たちが休憩すると一緒に休み、歩きだすとついて来る。いざとなったら、どこかの人家へでも置いてこようかと思っていた矢先に、姿が見えなくなった。

犬をなんとかしようと思っていたらちょうど道路工事の現場に出くわしたので、金属製の長いヒモを見つけて犬の首輪に回し、工事用の信号機にくくりつけた。こうすれば、誰か犬好きの人がなんとかしてくれるだろうと思ったが、犬は繋がれてしまったものだから「キャンキャン！」と鳴いて騒ぎだした。その鳴き声を背にして再び歩きだすと、しばらくして一台のトラックが私たちの横に止まった。いやな予感がした。

「君たち、さっき犬をしばりつけただろう」

「ああ、あの犬ですか。あれは勝手について来てしまったんです。道路に飛びだして危ないものだから、あのように縛ったんです」

こんなやりとりを、もちろんフランス語でやったわけではない。身ぶり手ぶりで必死の説明をしたらなんとかわかってくれたようで、トラックは引き返していった。もしかして、警察に通報でもされて事情聴取を受けるようなことになったら大変だっただろうなと一瞬ヒヤリとした。

ラントスク（Lantosque）に着くと、数年前に豪雨で施設が流されてしまったキャンプ場跡地にテントを張った。これが最後のキャンプだ。明日、不用になったキャンプ用具一式を日本へ送ろう。

ニースの手前二〇キロメートルのところにあるルヴァンス（Levens）へとうとうやって来た。ゴールはもうすぐだ。カフェで休憩していると、マダムが私たちの姿を見て珍しいと思ったのかいろいろと質問をしてきた。彼女は英語がよくわからない、私たちはフランス語がほとんどわからない、そんな状態でのコミュニケーションはお互いにちんぷんかんぷん。その様子を少し離れたテーブルから見ていたカップルが通訳を申し出てくれた。この二人は、私たちと同じようにヨーロッパを北から南へ歩いてきたベルギー人だ。やはり何回かに分けてヨーロッパを縦断しており、E2のコースを歩きつづけているという。そして、奇遇にも私たちと同じく明日がゴール。

　E2は、ベルギーのオステンド（Oostende）をスタートしてルクセンブルグを経てフランスに入り、フランスからは「GR5」というコース名でニースまでつづく長距離自然歩道だ。フランスへ入るまではなだらかな田園のコースだが、入ってからはフランスアルプスのど真ん中を通るので山岳縦走コースになる。このカップルはその厳しいコースを歩いてきたというから、かなりの経験と体力の持ち主だ。

　ルヴァンスのユースホステルへ着くと、どっかりと荷物を下ろした。ゴールのニースまであと一日、そうだ、たったの一日なのだ！

　ルヴァンス～ニース間、最終区間の二三キロメートル

ベルギー人のカップル

を日本からやって来た九人の仲間と一緒に歩く。うち八人は私がいつも一緒にカントリーウォークをしている仲間で、もう一人は敬子さんの友人だ。この女性はパリに何年か住んだ経験をもち、フランス語も少しできるので私たちにとっては心強い存在となる。バスの遅延のため予定時刻よりもユースホステルに遅く着いたいつものメンバーたち、みんなの顔を見たら安心した。そして、いよいよゴールという実感がわいてきた。

八月一五日、歩きだす前に宿の前で記念写真。シャッターを押してくれたマスターがニコリと笑って「(BonVoyage《ボン・ヴォヤージュ!》（よい旅を!）」と送り出してくれた。さぁ、ニースへ向けて歩こう!

最初の休憩地アスプルモン（Aspremont）をめざして、GR5の山道を歩きはじめた。ニースまでは、仲間に一人ずつ交代で先導役をお願いした。車道では総勢一一人もの日本人の行列に通行人はみんなびっくりしながらも、「ガンバレ!」と声をかけてくれる人も少なからずいた（勝手にそう思っているだけかもしれないが……）。しかし、ほとんどの人は「何事か!?」と不思議そうな顔をしていた。

敬子さんと二人で歩いた一〇年の重みをかみしめながら歩いた。歩きはじめたのは私がちょうど五〇歳を迎えたときで、六〇歳をすぎて老後も夫婦で仲良く暮らそうと考えるのなら今でなければダメだと思って、毎年夫婦で歩きはじめたのだ。

ニースの市街地に入ると、胸の高鳴りがよくわかった。

「あれ、地中海じゃないの!」メンバーの一人が遠く先を指差し、興奮気味にいう。私も地中海の青を確認した。私たち夫婦プラス九人の一行は、地中海に吸い寄せられるように市街地を抜け、高級リゾート地でくつろぐ人々に目を向けることもなく海岸へ向かう大通りを突き進んだ。時刻はまもなく午後六時三〇分。夏の陽射しはまだまだ人々を照らしているが、ときおり吹く風は歩きつづけてほてった身体にやさしい。日光浴をしている人たちの姿が目に飛び込んできた……まぶしい！

ニースは、ご存じのように国際的に名の知れた保養地である。海岸では夏のバカンスを思い思いに過ごしている男女の姿が空気を緩ませているなか、ザックを背負った汗だくの一一人が乱入した。「着いたぞ！」、みな一斉にザックを放り投げると波打ち際まで走っていき、地中海の水で思い切り顔を洗った。

ついに地中海へたどり着いた。海の先にはもう何もない。静かな波の音が私たちを歓迎し、旅をねぎらってくれているかのようだった。

予定通りゴールインすることができた。一人でヨーロッパ徒歩旅行をしていたときに「結婚しているのに、どうして妻を連れて来ないのか？」と尋ねられ、いつも返答に困っていた。しかし、そのときから「今度は夫婦でヨーロッパを歩くぞ！」と心に決めていた。それがやっと実現したのだ。不思議と私のなかに浮わついた気持ちは微塵もなかった。ただ、二人で無事に歩き通したという実感があるだけだった。

すでに、私の頭のなかには次なる展開が浮かび上がってきていた。

——これからは、こんなにすばらしい経験をさせてくれたヨーロッパの人々への恩返しの気持ちを込めて日本の道を見つめなおそう。日本を、魅力ある歩く旅のできる国にしようじゃないか——

そんな夢見心地な私を、現実に引き戻す声が傍らから耳に入った。

「ニースの海の水って温かかったよ」

地中海の水で顔を洗い、さっぱりとした笑顔の敬子さんだった。

仲間とともにニースの海岸にゴールイン

あとがき

「一頭の馬に二人乗るより、二頭の馬に別々に乗るほうがより自由で確実に進める」

本書をお読みになって、どんな感想をもたれただろうか。世の中にはこんな夫婦もいるんだということを知っていただけただけでも、ヨーロッパ縦断歩行を成し遂げた甲斐があったというものだ。一〇〇組の夫婦がおれば一〇〇通りの夫婦があってしかりで、なにもみんなが「右へ倣え」をしなくてもいいし、私たちのような世間の規格（？）から外れた夫婦がいてもいいのではないだろうか。

ヨーロッパ縦断歩行を終えてから敬子さんは、念願としていた介護福祉のことを学ぶために、小学校（音楽教師）の仕事が終わったあとの夜に学生として学びはじめ、三年間、一日も休まずに通い続けて今年の春にめでたく卒業となった。このあとも、引き続きカウンセリングの研究所で学習を続けている。こんなすごいパワーが発揮できるのも、おそらく一〇年間にわたったヨーロッパ縦断歩行で貯えたエネルギーのおかげだと私は思っている。

重いザックを背負って、悪天候の日も、険しい山道も、自分の足で歩き通したという体験によって、どんな厳しい道のりでも「恐れず、逃げず、退かない」という精神が体内に染み込んだのではないだろうか。パートナーが、しっかりと大地に足をつけて、自分のペースで歩き続ける姿に拍手を送りたい。

さて私のほうは、数年前に還暦を迎えた。といっても、フリーでライフワークに取り組んでいる私には定年というものがない。相変わらずザックを背負い、地図とノートを片手に、日本とヨーロッパを行ったり来たりしている。そして、普通の人が足を向けないエリアをカントリーウォークしたり、オリジナルのロングウォークに挑むといった生活をしている。周囲の人からは「いつまでもエネルギッシュに歩いてますね」といわれるが、これも、これまでの何十年にもわたる歩く旅のおかげだろう。

私が今願っていることは、いつまでもこの旅を続けることではない。本書でも書いたように、ヨーロッパではごく普通に行われている「歩く旅」を日本でも広め、その普及のための活動を行って後進を育てることである。道の整備、宿泊所の整備など、個人の力ではできないことが多いわけだが、世の中に訴えつづけることで、それこそ歩くようにゆっくりではあるが環境の整備をしていきたい。そして、それが私の使命であると思っている。

歩く旅は、いうまでもなく生身の身体において行うものである。当然、車も使わないし電気も使わないので石油がなくても前に進むことができるし、地球温暖化という問題からも縁遠い。そのうえ、キャンプ生活を取り入れればなおさらお金がかからない。

働き盛りの年代を高度経済成長期に通過した人たちが、これからどんどんと高齢者となっていく。

年金の問題、介護の問題など、今後予想される社会環境は決してバラ色とはいえない。そんななかでより有意義な人生を送り続けるための一つの方法として、「歩く旅」を取り入れてみてはいかがだろうか。時間はかかるがお金を必要としない旅、そしてこれまでのスピードがゆえに目に入らなかったことに気づくことで新鮮な刺激を味わうことができる。それに、本書のテーマでもあるスケッチなどをすることで改めて感性を磨くことができるし、何よりも健康によい。こんな旅を定期的に行うことで、少なくとも「介護の問題」に直面するのはかなりあとになるだろう。

高齢者にかぎったことではないが、これからの人生を歩んでいくのに、今までのようなコストとエネルギーの浪費をするような方法ではすぐにエンストを起こしてしまうことになる。これからは、もっと地に足をつけて、自分のことは自分で行う

という「セルフライフ」を心がけなければならない。夫婦である以上目標は同じだが、互いを束縛しないで、それぞれが自立して自分の道を確実に進んでいく。そんな生活感を「歩く旅」から感じ取っていただければ幸いである。そして、本書を読んで、「よーし、私たち夫婦もヨーロッパを歩いて旅するぞ！」と思われた読者の方が一人でも多く出てくることを願っている。

最後になったが、私たちのヨーロッパ縦断歩行を見守り、励まし、協力してくれた多くの方々にお礼を申し上げるとともに、本書の刊行を喜びたいと思う。

みなさん、「ありがとうございました」。

二〇〇六年　四月

山浦　正昭

著者紹介

山浦　正昭（やまうら・まさあき）

1943年、東京都葛飾区の生まれ。

（財）日本ユースホステル協会で青少年の旅の指導に従事した後、フリーの活動家となる。

1977年より本格的に徒歩旅行の指導を始め、今までに行った徒歩旅行の総距離数は地球の円周の８割にも及ぶ33,000kmにも達する！

現在は、カントリーウォーカーとして、カントリーウォークの普及、指導にあたるほか、オンフットワークの代表として日本の歩く旅事情の向上を目指して活動を続けている。

著書に、『旅は歩くことなり』（1986年）『歩く旅・歩く道・歩く人』（1990年）『楽しいカントリーウォーク』（1995年、以上実業之日本社）、『カントリーウォーク』（2002年）『地図を片手に歩く旅』（2004年、以上NHK出版）などがある。

（財）日本ユースホステル協会研究員。

連絡先：〒125-0051　東京都葛飾区新宿３-24－16

夫婦で歩き描いたヨーロッパ縦断4000km　（検印廃止）

2006年６月15日　初版第１刷発行

著　者　山浦正昭

発行者　武市一幸

発行所　株式会社　新評論

〒169-0051
東京都新宿区西早稲田３-16-28

電話　03（3202）７３９１
振替・00160-1-113487

落丁・乱丁はお取り替えします。

定価はカバーに表示してあります。

印刷　フォレスト
製本　桂川製本
装丁　山田英春
絵　山浦敬子

ISBN4-7948-0701-5　C0026

ちょっと知的な旅の本

清水芳子
銀河を辿る
A5 332頁　3360円
ISBN4-7948-0606-X　〔03〕
【サンティアゴ・デ・コンポステラへの道】今なお多くの人を引きつける巡礼道を辿り，中世の人々の心を探る，女性ふたりの清冽な旅の記録。(カラー口絵・幾島美和子)

M.マッカーシー／幸田礼雅訳
フィレンツェの石
A5 352頁　4660円
ISBN4-7948-0289-7　〔96〕
イコノロジカルな旅を楽しむ初の知的フィレンツェ・ガイド！　遠近法の生まれた都市フィレンツェの歴史をかなり詳しくまとめて知りたい人に焦点をあてて書かれた名著。

スタンダール／山辺雅彦訳
南仏旅日記
A5 304頁　3680円
ISBN4-7948-0035-5　〔89〕
1838年，ボルドー，トゥールーズ，スペイン国境，マルセイユと，南仏各地を巡る著者最後の旅行記。文豪の〈生の声〉を残す未発表草稿を可能な限り判読・再現。本邦初訳。

スタンダール／臼田　紘訳
ローマ散歩 I・II
A5 436頁　4800円
I 巻 ISBN4-7948-0324-9　〔96〕
文豪スタンダールの最後の未邦訳作品，上巻。1829年の初版本を底本に訳出。作家スタンダールを案内人にローマ人の人・歴史・芸術を訪ねる刺激的な旅。II巻来春刊行予定。

土方美雄
アンコールへの長い道
四六 320頁　2500円
ISBN4-7948-0448-2　〔99〕
【ちょっと知的な世界遺産への旅】何故それほどまでに人はアンコール・ワット遺跡に惹かれるのか。内戦に翻弄されるカンボジアの人々の「現在」とその「歴史」の重みを伝える。

土方美雄
マヤ終焉
四六 336頁　2500円
ISBN4-7948-0468-7　〔99〕
【メソアメリカを歩く】「過去の遺跡のみについて語ることは、やはり犯罪的なことではないのか」。文明の痕跡と先住民の現在から得られた旅の眼差し。口絵カラー8P

土方美雄
北のベトナム，南のチャンパ
四六 326頁　2500円
ISBN4-7948-0535-7　〔01〕
【ベトナム・遠い過去への旅】ホーチミンからハノイに至る旅を通して，消滅したチャンパ王国とそれに代わる覇者となったベトナムとの抗争を軸に，ベトナムの過去と今を探る。

福田成美
デンマークの緑と文化と人々を訪ねて
四六 304頁　2400円
ISBN4-7948-0580-2　〔02〕
【自転車の旅】サドルに跨り，風を感じて走りながら，デンマークという国に豊かに培われてきた自然と文化，人々の温かな笑顔に触れる喜びを綴る，ユニークな旅の記録。

細谷昌子
熊野古道
A5 368頁　3360円
ISBN4-7948-0610-8　〔03〕
【みちくさひとりある記】ガイドであるテイカ（定家）が出会ったのは……。時間・空間を超えて訪ねる「日本の原郷」熊野，私たちの感性に問い掛けてくるものは何か？

細谷昌子
詩国へんろ記
A5 414頁　3150円
ISBN4-7948-0467-9　〔99〕
【八十八か所ひとり歩き，七十三日の全記録】全長1400キロにわたる四国霊場巡りで得た心の発見。「自分の中には，自分でさえ気付かない人類の歴史が刻まれて眠っている。」

＊表示価格はすべて本体価格です。